Exotische Küche AF558110

Arabische Küche

كتاب الطهي العربي

oder

Essen wie bei Mutter in Beirut

Nariman Zeitun

Die Autorin und der Verlag bedanken sich bei allen, die sie mit Rezepten versorgt haben, damit dieses Buch auf dem deutschsprachigen Markt erscheinen konnte.

1. Auflage 1989 , ...19. Auflage 2020

Titelbild: Gundula Wagner
Fotos: Monika und Nader Asfahani
Übersetzung, Gestaltung, Herstellung und Satz:

Asfahani Verlag

Hausbrucher Straße 54 / D-21147 Hamburg
Federal Republic of Germany
Telefon 040 7967951 Fax 040 7967955
Email: asfahani-verlag@t-online.de
info@asfahani.de
Internet: www.asfahani.de

978-3-927459-90-8

Exotische Küche
Kochbücher aus dem Süden

Der Verleger (in der Mitte) unterwegs im Libanon mit Frau Zeitun (Zaitoun), Tochter Hiba und Mann Ibrahim

☺ Alle Rezepte sind für 3 bis 4 Personen gedacht
Irrtum und Änderung vorbehalten

Sachregister

Kurze Informationen

Vor- und Nachspeisen und Salate

Suppen

Reisgerichte

Gemüsegerichte

Geflügelgerichte

Fischgerichte

Fleischgerichte

Teigspeisen

Süßspeisen, Gebäck und Getränke

Milchspeisen

Einlegen in Essig

Kurze Informationen

Butterfett-Samn Hamwi سمن حموي

Das Butterfett, das in Asien und Afrika beim Kochen verwendet wird, ist auch in Deutschland erhältlich. Es wird unter dem Namen „**Ghee**" oder „**Ghiu**" in indischen Geschäften geführt. in arabischen Lebensmittelläden gibt es eine Butterfettsorte, die der indischen ähnelt. Sie wird unter dem Namen „**Samn Hamwi**" geführt. Man kann auch das normale Butterfett (Butterschmalz) beim Kochen benutzen oder selber Butter klären.

✽✽✽✽✽✽✽✽✽✽

Butter klären

Zutaten:

100 g ungesalzene Butter

So wird es gemacht:

☺ Butter in Würfel schneiden ➟ in einem Topf bei schwacher Hitze schmelzen lassen ➟ vom Herd nehmen ➟ den Schaum abschöpfen ➟ die klare Butter in eine Schüssel löffeln.

Der Bodensatz wird nicht mit der geklärten Butter gemischt.

✽✽✽✽✽✽✽✽✽✽

Chili

Wie man mit scharfen Chilis umgeht

Bevor Sie die Chilis anfassen, Ziehen Sie bitte Gummihandschuhe an. Damit wird verhindert, dass die ätherischen Öle Ihnen Hautjucken verursachen. Außerdem berühren Sie nicht Ihre Augen während des Arbeitens mit Chili. ***Chili nur mit kaltem Wasser waschen***. Heißes Wasser kann manchmal bei getrocknetem Chili Dämpfe entwickeln, die die Augen und Schleimhäute reizen.

✽✽✽✽✽✽✽✽✽✽✽

Curry-Kari

Das Wort „**Curry**” stammt von dem persischen Wort „**Khordi** خوردی” ab, das bedeutet Soße oder saftiges Fleisch. Dieses Wort „**Khordi**“ stammt wiederum von „**Khordan**” ab. Auf deutsche Übersetzt bedeutet das Wort „**Essen**” oder „**Trinken**”.

Die Hauptgewürze jedes Currygerichts sind:

Kurkuma, getrockneter Koriander, Pfeffer, Nelkenpulver, Chilipulver, Ingwerwurzel und Knoblauch. In vielen Fällen werden Knoblauch und Ingwerwurzel mit etwas Salz in einem Mörser zu Paste verarbeitet.

✽✽✽✽✽✽✽✽✽✽✽

M´luchia ملوخيه

M´luchia ist ein Malvengewächs, das im Nahen Osten und Nordafrika als Blattgemüse sehr beliebt ist.

Die Malvenblätter werden frisch oder getrocknet angeboten. In Deutschland bekommt man die M´luchia in getrockneter Form.

Die Blätter werden mit Fleisch gekocht oder als Suppe vorbereitet..

✽✽✽✽✽✽✽✽✽✽✽

Kleine Gemüse- und Gewürzkunde

Gemüse

Amarant Amarant wird wie Spinat vorbereitet. Leider sieht man diese Gemüsesorte selten in den Märkten.

Auberginen Außer den üblichen Angeboten an dunklen Sorten (ca. 20 Sorten) gibt es weiße, gelbe und grüne runde Auberginen. Diese Sorten werden zu bestimmten Jahres-zeiten importiert. Grüne Auberginen werden Afrikanische Auberginen genannt. In manchen Feinkostgeschäften werden sie auch unter dem Namen „*Antroewa*" angeboten.

Batate-Süßkartoffel oder weiße Kartoffel-Batate werden das ganze Jahr über auf dem deutschen Markt angeboten, trotzdem ist die Süßkartoffel hierzulande wenig bekannt.

Bohnen (getrocknete Sorten) Spargelbohnen oder Augenbohnen (auch bekannt als schwarze Augenbohnen) Adzukibohnen dunkelbraun mit weißen Streifen

Bohnen (frische Sorten) Außer dem üblichen Angebot an Bohnen auf dem deutschen Markt, gibt es gelegentlich folgende Sorten:

Bobbybohnen (Ägypten)
Borlottibohnen (Italien)
Cocobohnen, bekannt als breite Bohnen
Kidneybohnen oder Rote Bohnen
Schwarze Bohnen (Südamerika)
Spaghetti-Bohnen

Wachtelbohnen
Limabohnen
Adzukibohnen
Reisbohnen
Urdbohnen
Mungbohnen

Celosie oder **Amaranthaceae** Blattgemüse, ähnlich wie Amarant. Es gibt rote und grüne Celosie.

Chayote (Eierkürbis) auch *Chocho* oder *Christofine* genannt.
Eine Chayotefrucht wiegt ca. 250 bis 300 g. Chayotefleisch wird als Salat oder als Kochgemüse gegessen.

Flaschenkürbis Das ganze Jahr über auf dem deutschen Markt erhältlich. Flaschenkürbisse sehen aus wie große Zucchini und haben eine hellgrüne Farbe. Sie werden als Kochgemüse verwendet. Kleine Flaschenkürbisse werden auch türkische Zucchini genannt.

Maniok oder **Cassava** Kochgemüse. Das ganze Jahr über auf dem Markt erhältlich.

Matoke oder **Plantain** grüne Kochbananen.

Miraaru Kochbananensorte.

Okra Kochgemüse

Yam Knollen, die man wie Kartoffeln kochen und essen kann.

Palmölnüsse: Man bekommt sie ab und zu bei einigen afrikanischen Lebensmittelhändlern (Afro-Shop).

Pfeilwurz (Arrowroot): Wird als Kochgemüse verwendet.

Tapioka: Sago aus der Maniokwurzel.

****

Gewürze und Gewürzpflanzen

In unserem Kochbuch haben wir folgende Gewürze und Gewürzpflanzen verwendet, die in Deutschland erhältlich sind:

Chilis-in manchen Afro-Shops gibt es sehr scharfe afrikanische Chilis.

Garam Masala (Gewürzmischung)

Gelbwurzel (nicht in Pulverform), wird ab und zu auf dem Markt angeboten.

Gelbwurzelpulver oder **Kurkuma**

Ingwerwurzel

Ingwerpulver

Koriander, frisch oder getrocknet

Sumak (Gewürz)

****

Vor- und Nachspeisen und Salate

Vorspeise

Libanesisches Hors d´æuvre „ Mezze مازة “

Die berühmteste Vorspeise und kulinarische Spezialität des Libanon ist zweifellos die ***„Mezze مازة”***. Sie ist eine Augenweide für Genießer, die in aller Ruhe essen möchten. Sie besteht aus dreißig und mehr verschiedenen kleinen Gerichten, die kunstvoll garniert sind. Jede ***„Mezze”*** (Rezepte stehen in diesem Buch) enthält prinzipiell ***Tabule تبولة*** (Salat aus gehackter Petersilie, Schalotten, Tomaten und Weizenschrot), ***Baba Ghanusch بابا غنوج*** (Paste aus Auberginen, die oft mit Granatapfelkernen garniert ist), ***Homos bi el Tahine حمص بالطحينة*** (Paste aus Kichererbsen und Sesamölpaste), ***Kibbe*** (stark gewürztes frisches Lamm- oder Kalbfleisch, fein gestampft und mit Weizenschrot vermengt, das roh, gegrillt oder gebraten gegessen wird), ***Laban لبن*** (Jogurt mit Knoblauch), ***Fatayer فطاير*** (dreieckige Teigtaschen, die mit Spinat oder Fleisch und Pinienkernen gefüllt sind) und ***Warak Inab mahschi ورق عنب محشي*** (gefüllte Weintraubenblätter). Außerdem gibt es häufig kleine Würfel aus salzigem Ziegenkäse zusammen mit köstlichen Oliven. Eine größere ***„Mezze”*** enthält verschiedene Arten von gegrilltem, gebratenem und geröstetem Fleisch, Fisch und Gemüse. Und natürlich wird alles mit ***arabischem Brot*** gegessen.

Dazu trinkt man ***Arak عرق*** (alkoholisches Anisgetränk, das sich beim Vermischen mit Wasser milchig-weiß färbt), Wein oder Bier. Somit stellt die ***„Mezze”*** eine vielseitige und ausgeglichene Mahlzeit für sich dar.

****

Weizenschrot-Salat Tabule تبولة

Zutaten:

1 Tasse Weizenschrot (fein)
4 große Tomaten
3 bis 4 Bund Petersilie
1 Bund Schalotten oder Lauchzwiebeln
1/3 Tasse Zitronensaft
1 Bund frische Pfefferminze oder
1/2 Tasse getrocknete Pfefferminze
1/2 Tasse Olivenöl
1/2 Teelöffel Zimt
Salz, Pfeffer und Paprikapulver (nach Belieben)

So wird es gemacht:

☺ Weizenschrot waschen und ca. 1/2 Stunde in kaltem Wasser stehen lassen.
☺ Den Weizenschrot gut ausdrücken ➟ in eine Schüssel geben.
☺ Petersilie, Schalotten, Pfefferminzblätter und Tomaten waschen, klein hacken und zum Weizenschrot hinzufügen ➟ Zitronensaft, Olivenöl, Salz, Pfeffer, Paprikapulver und Zimt dazugeben ➟ gut mischen und in einer Salatschüssel auf frischen Salatblättern servieren.

****

Salatsoße

Diese Soße wird für viele Salatarten benutzt

Zutaten: Für 500 g Tomaten

1 bis 2 Knoblauchzehen oder ½ Teelöffel Knoblauchsalz
1/4 Bund frische Pfefferminze oder 1 Esslöffel getrocknete Pfefferminze
1/4 Bund Petersilie oder 1 Esslöffel getrocknete Petersilie
Saft von 1 bis 1½ Zitronen
Olivenöl
Salz und Pfeffer (nach Belieben)

So wird es gemacht:

☺ Knoblauchzehen mit etwas Salz gut zerdrücken.
☺ Pfefferminzblätter und Petersilienblätter waschen und gut abtropfen lassen, danach klein schneiden und in eine Schüssel geben ➟ Knoblauchpaste, Zitronensaft, Olivenöl, Salz und Pfeffer dazugeben und gut durchrühren.

****

Tomatensalat Slatet Banadura

Zutaten:

500 g feste Tomaten
2 bis 3 Zwiebeln
1 Salatgurke
Oliven (falls gewünscht)
Salatsoße (siehe Seite 13)

So wird es gemacht:

☺ Tomaten in kleine Streifen schneiden ➟ Salatgurke schälen, halbieren und kleine Stücke schneiden ➟ Zwiebeln hacken ➟ alles in eine Schüssel geben.
☺ Die vorbereitete Soße (siehe Seite 13) vor dem Servieren dazugeben und untermengen.

****

Gemischter Salat Salata سلاطه

Zutaten:

Salatsoße (siehe Seite 13)
250 g Tomaten
1 Kopfsalat
1 Salatgurke
2 bis 3 Zwiebeln
Oliven
1 Bund Radieschen

So wird es gemacht:

☺ Dieser Salat wird wie der „Tomatensalat" zubereitet".

Jogurtsalat Laban bi Elthum

Zutaten:

500 g Jogurt
2 Knoblauchzehen
1 Teelöffel getrocknete Pfefferminze
1/2 Gurke
Salz

So wird es gemacht:

☺ Knoblauch und Salz in einem Mörser zerdrücken und in eine Schüssel geben.
☺ 1/2 Gurke schälen und in kleine Würfel schneiden ➟ zu der Knoblauchpaste geben ➟ Jogurt und Pfefferminze dazugeben und mit einem Mixer oder Schneebesen gut umrühren ➟ abschmecken ➟ falls gewünscht, mit Wasser verdünnen.

****

Peperonisalat Slatet Fulful (Folfol)

Zutaten:

4 lange Peperoni (mittelscharf)
Salatsoße (siehe Seite 13)
1/4 Bund Petersilie

So wird es gemacht:

☺ Peperoni halbieren ➟ Samen entfernen.
☺ Über offener Flamme grillen, bis die Haut sich dunkel färbt ➟ Haut abziehen ➟ Stielansätze abschneiden und Streifen schneiden ➟ in eine Schüssel geben ➟ Salatsoße dazugeben und gut mischen ➟ mit Petersilie garnieren.

****

Weißkohlsalat Slatet Malfuf

Zutaten:

1/2 Kopf Weißkohl
Salatsoße (siehe Seite 13)
Schwarzer Pfeffer
1/2 Teelöffel Zucker (falls gewünscht)

So wird es gemacht:

☺ Weißkohl in Streifen schneiden ➠ in eine Schüssel geben und mit Salz bestreuen ➠ gut durchmischen ➠ 1/2 Stunde stehen lassen ➠ Salatsoße, schwarzen Pfeffer und Zucker dazugeben ➠ gut durchmischen ➠ abschmecken und servieren.

****

Runkelrübensalat Slatet Schamander

Zutaten:

250 g Jogurt
ca. 200 g gekochte Runkelrüben
3 bis 4 Esslöffel Zitronensaft
4 Esslöffel Olivenöl
Salz und Pfeffer
Einige Petersilienblätter zum Garnieren

So wird es gemacht:

☺ Die gekochten Rüben in kleine Würfel schneiden.
☺ Olivenöl, Zitronensaft, Salz und Pfeffer in eine Schüssel geben und gut vermengen ➠ Jogurt und Rüben dazugeben und durchmixen ➠ in einen tiefen Teller geben und mit Petersilie garnieren.

****

Gurkensalat mit Frischkäse

Zutaten:

250 g Käse (Frischkäse, z.B. Philadelphia)
Saft von 1 Zitrone
1 Zwiebel
1 Gurke
3 Esslöffel Olivenöl
Salz und Pfeffer

So wird es gemacht:

☺ Gurke und Zwiebel schälen und zerkleinern.
☺ Käse in eine Schüssel geben ➞ mit etwas Wasser beträufeln ➞ mit einer Gabel zerkrümeln ➞ Zitronensaft, Öl, Zwiebel und Gurke dazugeben ➞ gut vermengen ➞ mit Salz und Pfeffer abschmecken.

****

Kartoffelsalat Slatet Batata

Zutaten:

500 g Kartoffeln
1/4 Bund Petersilie, Blätter waschen und hacken
1/4 Tasse Olivenöl
2 Zwiebeln, schälen und hacken
Saft von 1/2 Zitrone
3 Knoblauchzehen
Salz und Pfeffer

So wird es gemacht:

☺ ***<u>Die Kartoffeln kochen und die Salatsoße vorbereiten:</u>***
① Knoblauchzehen mit Salz in einem Mörser zerdrücken und in eine Schüssel geben ➞ Olivenöl, Zitronensaft, Salz und Pfeffer dazugeben und gut vermengen ➞ Petersilie und Zwiebeln zu der Soße geben und mischen.
② Kartoffeln gar kochen, in ein Sieb geben und abkühlen lassen ➞ Kartoffeln pellen, in kleine Würfel schneiden und zu

der Soße geben ➡ gut vermengen ➡ mit Petersilie und Zwiebeln garnieren ➡ bevor die Kartoffeln kalt werden servieren.

****

Weiße-Bohnen-Salat

Zutaten:

250 g getrocknete weiße Bohnen, waschen
3 Zwiebeln
2 Tomaten
1/2 Bund Petersilie, Blätter waschen und hacken
3 Knoblauchzehen, schälen
Saft von 1 Zitrone
2 Esslöffel Essig
1/4 Tasse Olivenöl
Salz, Pfeffer und Paprikapulver (süß)
Einige Oliven (zum Garnieren)

So wird es gemacht:

☺ Bohnen über Nacht mit kaltem Wasser bedeckt einweichen (ca. 12 Stunden).

☺ Bohnen ca. 1½ Stunden in Salzwasser kochen ➡ in ein Sieb geben und abtropfen lassen ➡ inzwischen die Soße vorbereiten:

Knoblauchzehen und etwas Salz in einem Mörser geben, zerdrücken und in eine große Schüssel geben ➡ Salz, Pfeffer, Paprikapulver, Zitronensaft, Essig, Olivenöl und Petersilie dazugeben und gut vermengen ➡ Zwiebeln und Tomaten klein schneiden und dazugeben ➡ die Bohnen unterheben und servieren.

Garniervorschlag:

Zwei Eier hart kochen ➡ in Scheiben schneiden ➡ über den Bohnensalat verteilen, dazwischen Oliven legen.

****

Dicke-Bohnen-Salat

Zutaten:

ca. 400 g frische dicke Bohnen
1/4 Tasse Olivenöl
1/4 Bund Petersilie
3 Knoblauchzehen, schälen
3 Esslöffel Zitronensaft
Salz und Pfeffer
1 Zwiebel, schälen und in Scheiben schneiden

So wird es gemacht:

☺ Bohnen in Salzwasser kochen ➟ in einem Sieb geben und abtropfen lassen ➟ kalt stellen.
☺ Knoblauchzehen mit Salz zerdrücken ➟ Petersilienblätter waschen und zerkleinern ➟ alle Soßenzutaten in eine Schüssel geben und gut durchmischen.
☺ Die kalten Bohnen zur Soße geben und gut mischen ➟ mit einigen Petersilienblättern und Zwiebelringen garnieren.

****

Linsensalat

Zutaten:

250 g Linsen (dunkle Linsen), verlesen und waschen
Saft von 2 Zitronen
2 Knoblauchzehen, mit etwas Salz zerdrücken
1/4 Tasse Olivenöl
1/4 Bund Petersilie, Blätter waschen und grob hacken
1/2 Teelöffel Koriander
1/2 Teelöffel Kümmel
Salz und Pfeffer

So wird es gemacht:

☺ Linsen über Nacht in Wasser legen ➟ ohne Salz kochen ➟ wenn die Linsen weich sind, Salz dazugeben ➟ in ein Sieb geben und abtropfen lassen.
☺ **Salatsoße herstellen:** Alle Soßenzutaten in eine Schüssel geben und gut durchmischen.

☺ Die heißen Linsen in eine Schüssel geben, darüber Salatsoße gießen und gut vermengen.

****

Linsensalat

Variante 2

Zutaten:

250 g Linsen (dunkle Linsen), verlesen und waschen
3 Zwiebeln, hacken
1/4 Teelöffel Kümmelpulver
2 Esslöffel gehackte Petersilie
2 Esslöffel gehackte Pfefferminze
4 Esslöffel Öl
Zitronensaft
Salz, Pfeffer und Piment

So wird es gemacht:

☺ Linsen ca. 30 Minuten gar kochen ➟ salzen ➟ in ein Sieb geben ➟ abtropfen lassen und in eine Schüssel geben ➟ Zwiebeln, Kümmel, Petersilie und Pfefferminze untermengen ➟ mit Zitronensaft, Salz, Pfeffer und Piment abschmecken ➟ Öl darüber geben ➟ mit Fladenbrot servieren.

****

Brotsalat Fatusch فتوش

Zutaten:

1 bis 1½ Fladenbrote
Saft von 1 Zitrone
1/2 Kopfsalat
1 Gurke
2 große Tomaten
1 Zwiebel
3 Knoblauchzehen, mit Salz zerdrücken
1/4 Tasse Olivenöl
Koriander-, Petersilie- und Pfefferminzblätter

So wird es gemacht:

☺ Fladenbrot (Arabisches Brot) rösten (toasten) und zerkleinern ➡ in eine große Schüssel geben.
☺ Gurke, Tomaten und Zwiebel schälen und klein schneiden ➡ zu dem Brot geben.
☺ Salatkopf, Koriander, Petersilie und Pfefferminzblätter zerkleinern ➡ Salatsoße herstellen ➡ Salatblätter und Soße über die restlichen Zutaten geben und gut durchmischen.

****

Kichererbsenpaste حمص بالطحينة

Zutaten:

250 bis 300 g Kichererbsen
3 Knoblauchzehen, schälen
Saft von 2 Zitronen
150 ml Sesamölpaste (Tahine)
Salz

Garnieren: Paprikapulver und Kichererbsen
Beilage: Eingelegte Gurken

So wird es gemacht:

☺ Kichererbsen über Nacht einweichen (mit kaltem Wasser bedeckt).
☺ Kichererbsen kochen, bis sie sehr weich sind (ca. 1 Stunde) ➡ Wasser abgießen und einige Erbsen beiseite legen.
☺ Die gekochten Erbsen mit einer Küchenmaschine pürieren oder durch den Fleischwolf geben.
☺ Knoblauchzehen mit Salz im Mörser zerdrücken.
☺ Zitronensaft zu der Sesamölpaste (Tahine) geben und mischen (mit dem Mixer) ➡ Knoblauchpaste dazugeben ➡ gut vermischen ➡ das Ganze muss dickflüssig werden, evtl. etwas Wasser dazugeben und abschmecken.
☺ Die fertige Soße über die Kichererbsen gießen und gut mixen ➡ abschmecken ➡ in einen tiefen Teller geben und

glätten ➡ in der Mitte und an den Seiten mit einigen Erbsen und Paprikapulver garnieren.

Vermerk: Homos bi Eltahine wird mit arabischem Brot gegessen.

****

Tahinesoße (Sesampastesoße) Tarator طرطور

Zutaten:

150 ml Sesamölpaste (Tahine)
2 bis 3 Knoblauchzehen
1½ bis 2 Zitronen
1/2 Bund Petersilie, gehackt
Salz

So wird es gemacht:

☺ Knoblauchzehen schälen und mit Salz zerdrücken.

☺ Zitronen auspressen und mit dem Knoblauchpaste mischen ➡ Sesamölpaste unterrühren (mit dem Mixer) ➡ Petersilie dazugeben ➡ umrühren und abschmecken.

❍ Die Soße soll etwas flüssig sein, feste Soße kann mit Wasser verdünnt werden.

❍ Tarator isst man zu verschiedenen Gerichten, z.B. Falafel, Kafta (Köfte), Kibbe oder Fleischspieß.

****

Tahinesoße mit Mandeln

Zutaten:

Die Soße wird wie die ***Tahinesoße (Sesampastesoße)*** hergestellt, **außerdem werden folgende Zutaten benötigt**:

1 Teelöffel Zucker
30 g Mandeln

So wird es gemacht

☺ Mandeln zerkleinern oder fertig gehackte Mandeln verwenden ➡ die Mandeln und 1 Teelöffel Zucker zu der Soße geben und mit einem Mixer gut verrühren.

❍ Diese Soßenart isst man zu kalten Fisch- und Geflügelgerichten.

****

Tahinesoße mit Jogurt

So wird es gemacht:

☺ Diese Soße wird auf die gleiche Art gemacht wie „Tahinesoße" (siehe Seite 22), nur dass man außerdem noch 150 ml Jogurt dazugibt. Die Petersilie wird zur Garnierung benutzt.

❍ Diese Soßenart wird als Beilage zu Fleischgerichten gegessen.

****

Kichererbsen mit Zitrone und Öl

Zutaten:

250 g Kichererbsen
2 Knoblauchzehen, schälen
1 Zitrone
Olivenöl (nach Belieben)
Salz

So wird es gemacht:

☺ Kichererbsen über Nacht einweichen.

☺ 1 Stunde kochen, bis die Kichererbsen weich sind.

☺ Knoblauch und Salz in einem Mörser zerdrücken und in eine Schüssel geben ➡ Zitrone auspressen und den Saft zu der Knoblauchpaste geben ➡ gut verrühren ➡ die heißen Kichererbsen dazugeben ➡ einige Esslöffel Brühe aus dem Kichererbsentopf dazugeben ➡ mit einem Löffel gut umrühren und abschmecken.

☺ In einen tiefen Teller geben und etwas Olivenöl darüber gießen.

❍ Diese Speise isst man zu verschiedenen Fleischgerichten und mit arabischem Brot.

****

Auberginen-Püree mit Sesamölpaste

Zutaten:

150 g Sesamölpaste (Tahine)
1 große Aubergine
3 Knoblauchzehen, schälen
Saft von 2 bis 3 Zitronen
1/2 Teelöffel Kümmel (oder mehr)
1/2 Bund Petersilie, Blätter waschen oder
2 Esslöffel getrocknete Petersilie
1 Tomate, in Streifen schneiden
Olivenöl
Salz

So wird es gemacht:

☺ Die Knoblauchzehen mit etwas Salz zerdrücken und in eine Schüssel geben ➡ Sesamölpaste, Kümmel, und Zitronensaft dazugeben und gut verrühren.
☺ Falls möglich, die Aubergine auf einem Grill backen oder mit Alufolie gut umhüllen und im vorgeheizten Backofen (200°C) ca. 25 Minuten garen ➡ Schale abschaben, Stielansatz entfernen und Aubergine mit einer Gabel zerkleinern ➡ die fertige Soße dazugeben, mixen und abschmecken ➡ mit Oliven, Tomatenstücken, Petersilie und Olivenöl garnieren. Falls möglich, Granatapfelkerne dazugeben.

****

Tahine mit eingelegtem Salzfisch

Zutaten:

Tahinesoße (siehe Seite 22)
2 Salzheringe
1 Zwiebel

So wird es gemacht:

☺ Salzheringe waschen und in Scheiben schneiden ➡ zur Tahinesoße geben.

☺ Zwiebel klein schneiden und dazugeben oder die Zwiebelscheiben zum Garnieren benutzen.
☺ Das Ganze gut umrühren und mit arabischem Brot servieren.

****

Falafel oder Taámia فلافل او طعمية

Zutaten:

250 g Kichererbsen
200 g getr. dicke Bohnen
1 Bund Petersilie, Blätter waschen und hacken
2 Zwiebeln, schälen und hacken
2 bis 3 Knoblauchzehen, schälen
Salz, Zimt, Kümmel, Koriander, Pfeffer und Thymian
Öl (zum Braten)

So wird es gemacht:

☺ Kichererbsen und Bohnen über Nacht mit kaltem Wasser bedeckt einweichen.
☺ Knoblauchzehen mit etwas Salz zerdrücken.
☺ Bohnen und Kichererbsen abtropfen lassen und durch den Fleischwolf drehen, dabei Zwiebeln und Petersilie dazugeben.
☺ In eine Schüssel geben ➟ Gewürze und Knoblauchpaste dazugeben ➟ gut verkneten, damit das Ganze zu einem Teig wird.
☺ Teig zudecken und ca. 3 bis 4 Stunden ruhen lassen.
☺ Öl in einem großen Topf oder einer tiefen Pfanne erhitzen ➟ Bohnenteig zu kleinen Bällchen formen ➟ in Öl braten, bis sie goldbraun werden ➟ im Sieb oder auf einem Küchentuch abtropfen lassen.
❍ ***Serviervorschlag:*** Ein arabisches Fladenbrot in der Mitte aufschneiden, jedes Stück mit Tahinesoße (siehe Seite 22) bestreichen ➟ einige Falafel hineinlegen und zerdrücken ➟ Salatblätter und Tomaten dazugeben ➟ Brotstücke zusammenlegen und aus der Hand essen.

Bohnengulasch Ful Mudamas فول مدمس

Zutaten:

500 g getrocknete dicke Bohnen (Saubohnen)
3 Knoblauchzehen, schälen
2 Zitronen, auspressen
Salz und Pfeffer

So wird es gemacht:

☺ Bohnen über Nacht in kaltem Wasser einweichen.

☺ Bohnen kochen, bis sie sehr weich werden (evtl. im Schnellkochtopf).

☺ Knoblauch mit Salz zerdrücken ➟ in eine Schüssel geben ➟ Saft von 2 Zitronen dazugeben und rühren ➟ die heißen Bohnen mit etwas Brühe dazugeben ➟ abschmecken ➟ etwas Olivenöl darüber gießen ➟ heiß servieren.

❍ Bohnengulasch wird mit arabischem Brot gegessen.

****

Artischockenherzen in Öl

Zutaten:

6 bis 7 Artischocken
2 Zitronen, halbieren
2 bis 3 Knoblauchzehen, schälen
1/2 Tasse oder 4 Esslöffel Olivenöl
Salz und Pfeffer

So wird es gemacht:

☺ Die Artischocken waschen und die Blätter entfernen ➟ den Stiel abschneiden ➟ das Heu (Fasern) mit dem Löffel abkratzen ➟ mit Zitronenhälften abreiben, damit die Artischocken sich nicht dunkel färben (man kann auch Artischockenherzen aus der Dose nehmen).

☺ Zitronen auspressen ➟ ca. 400 ml Wasser zum Kochen bringen ➟ Zitronensaft, Olivenöl, Knoblauchzehen, Salz und Pfeffer dazugeben ➟ abschmecken.

☺ Die Artischocken dazugeben ➟ ca. 25 Minuten kochen lassen ➟ Kalt in einer Schüssel servieren.

****

Kartoffeln mit Koriander بطاطة حرة

Batata bi Kuzbara Khadra

Zutaten:

500 g Kartoffeln, schälen, waschen, in Streifen schneiden und würfeln
1 Bund Koriander, Blätter waschen und hacken
3 Knoblauchzehen, schälen und mit Salz zerdrücken
Zitronensaft
Öl
Salz
Pfeffer

So wird es gemacht:

☺ Öl in einer Pfanne erhitzen ➟ Kartoffeln dazugeben und goldbraun braten ➟ aus dem Öl nehmen ➟ abtropfen lassen und beiseite stellen.

☺ Das überschüssige Öl aus der Pfanne entfernen ➟ Koriander, Knoblauchpaste und Pfeffer dazugeben und 2 bis 3 Minuten dünsten ➟ Kartoffeln untermengen, kurz umrühren und in eine Schale geben ➟ mit Zitronensaft abschmecken ➟ kalt mit Fladenbrot servieren.

****

Ei mit Knoblauch Beid bi el Tum

Zutaten:

5 Eier
3 Knoblauchzehen, schälen
4 Esslöffel Öl oder Butter
Saft 1/2 Zitrone
Salz
Pfeffer
einige getrocknete Pfefferminzblätter (zum Garnieren)

So wird es gemacht:

☺ Knoblauchzehen mit etwas Salz zerdrücken und mit Zitronensaft verrühren.

☺ Die Butter in einer großen Pfanne zerlassen ➟ den Knoblauch dazugeben und dünsten ➟ Eier in die Pfanne schlagen und garen ➟ getrocknete Pfefferminze drüber streuen ➟ wenn das Eiweiß gestockt ist, salzen, pfeffern und servieren.

****

Ei mit Tomaten

Zutaten:

5 Eier
4 Tomaten, geschält und in Scheiben geschnitten
2 bis 3 Knoblauchzehen, schälen und mit Salz zerdrücken
1 Zwiebel, schälen und hacken
3 Esslöffel Butter oder Öl
Salz, Pfeffer und Paprikapulver

So wird es gemacht:

☺ In einer großen Pfanne die Zwiebel in Butter dünsten ➟ Knoblauchpaste dazugeben und goldbraun dünsten ➟ Tomaten in die Pfanne legen und gar dünsten ➟ einmal wenden ➟ die Eier vorsichtig in eine Schüssel schlagen und in die Pfanne geben ➟ braten, bis die Eier gestockt sind ➟ würzen und mit Fladenbrot servieren.

****

Ei mit gebratenem Käse

Zutaten: *pro Person*

1 dicke Scheibe trockenen weißen Käse, Cheddar oder Gauda.......
1 Ei
Butter oder Öl
Salz und Pfeffer

So wird es gemacht:

☺ Die Scheibe Käse in Butter braten, bis sie schmilzt und sich Blasen bilden ➟ Ei darüber geben und braten, bis das Eiweiß fest ist (wie Spiegelei) ➟ salzen und pfeffern ➟ mit Fladenbrot servieren.

****

Schakschuke شكشوكة

Zutaten:

3 grüne Pfefferschoten (mild) oder Paprikaschoten
2 Zwiebeln, schälen
4 Tomaten
5 Eier
Butter oder Öl
Salz, Pfeffer und Paprikapulver

So wird es gemacht:

☺ Die Pfefferschoten in Streifen oder Ringe schneiden ➟ Samen entfernen.
☺ Zwiebeln in Streifen schneiden.
☺ Tomaten in Scheiben schneiden.
☺ In einer großen Pfanne die Pfefferschoten und Zwiebeln in Butter oder Öl braten ➟ salzen und pfeffern ➟ wenn die Pfefferschoten gar sind, die Tomatenscheiben dazugeben und dünsten, bis sie gar sind ➟ die Eier ebenfalls in die Pfanne schlagen und garen.

Andere Möglichkeit:
Eier verrühren und mit dem Gemüse mischen.

****

Rührei mit Fleisch Ajjah bi el Lahme

Zutaten:

5 bis 6 Eier
200 g Rinderhack oder Lammhack
1 Bund Petersilie, entstielt und gehackt
Butter oder Öl
Salz und Pfeffer

So wird es gemacht:

☺ Hackfleisch mit Petersilie, Salz und Pfeffer anbraten.

☺ Eier in eine Schüssel schlagen und mit dem Mixer oder Schneebesen verrühren ➟ zum Fleisch geben ➟ Pfanne zudecken ➟ Eigemisch stocken lassen (ca. 10 Minuten) und umdrehen ➟ weitere 10 Minuten garen lassen ➟ heiß mit Fladenbrot und Salat servieren.

****

Rührei mit Auberginen Ajjah maá Batinjen

Zutaten:

1 mittelgroße Aubergine
6 Eier, in eine Schüssel geschlagen
2 Knoblauchzehen, mit Salz zerdrückt
1 Zwiebel, klein gehackt
Salz, Pfeffer und Paprikapulver

So wird es gemacht:

☺ Aubergine schälen und waschen ➟ in Streifen schneiden und danach die Streifen in Würfel schneiden ➟ salzen ➟ in ein Sieb geben (ca. 1 Stunde), damit die bitteren Säfte abtropfen können.

☺ Zwiebel in Butter oder Öl glasig dünsten ➟ Knoblauchpaste dazugeben und dünsten, bis sie goldgelb wird ➟ Auberginenwürfel dazugeben ➟ gar dünsten ➟ Eier dazugeben und umrühren ➟ bei schwacher Hitze ca. 15 Minuten garen lassen ➟ umdrehen und weitere 5 Minuten braten ➟ heiß mit Fladenbrot und Salat servieren.

Suppen

Fischsuppe Schorbet Samak شوربة سمك

Zutaten:

500 g Fischfilet (Heilbutt und Seelachs), in Stücken
Einige Fischköpfe für die Brühe
2 große Zwiebeln, schälen und hacken
1 Bund Petersilie, Blätter waschen und hacken
3 Knoblauchzehen, schälen
1 Teelöffel Zimt
3 Eigelb
1 Teelöffel Essig
Zitronensaft
Salz,
Pfeffer
Etwas Kurkuma oder Safran (zum Färben der Suppe)
Öl

So wird es gemacht:

☺ Öl in einem Topf erhitzen ➟ Zwiebeln dazugeben und glasig dünsten ➟ Fischköpfe und 1½ Liter Wasser dazugeben ➟ mit Salz, Pfeffer, gehackter Petersilie, etwas Essig und Zimt würzen ➟ zum Kochen bringen und danach ca. 1 Stunde auf kleiner Flamme weiterkochen.

☺ Die Brühe durch ein Sieb geben ➟ die klare Brühe in den Topf geben ➟ wieder zum Kochen bringen ➟ die Fischstücke ca. 20 Minuten darin garen.

☺ Eigelb schlagen ➟ Zitronensaft dazugeben und wieder schlagen ➟ eine Kelle Brühe dazugeben und weiter schlagen ➟ Ei-Zitronensaft-Mischung zur Suppe geben und unter Rühren erhitzen, aber nicht mehr kochen ➟ heiß servieren.

****

Hühnersuppe Schorbet Dajaj شوربة دجاج

Zutaten:

1 Huhn, waschen
100 g gekochter Reis
3 Stangen Sellerie, in Scheiben schneiden
3 Knoblauchzehen, schälen und fein hacken
Saft von 1 bis 2 Zitronen
Salz, Pfeffer und Paprikapulver

So wird es gemacht:

☺ Huhn und Innereien in ca. 1½ Liter Wasser gar kochen ➡ Brühe durch das Sieb in einen Topf geben und weiter kochen ➡ Sellerie und Knoblauch dazugeben und aufkochen ➡ Salz, Pfeffer, Paprikapulver und Zitronensaft dazugeben ➡ abschmecken ➡ das zerkleinerte Hühnerfleisch dazugeben und ca. 1/2 Stunden köcheln lassen ➡ den gekochten Reis kurz vor dem Servieren dazugeben.

****

M´luchiasuppe (bot, Corchore)

Zutaten:

2 Liter Hühnerbrühe oder Fleischbrühe
1 kg frisches M´luchia, *ersatzweise 200 g getrocknetes M´luchia (siehe Seite 8) oder Mangold oder Spinat*
3 Knoblauchzehen, mit etwas Salz zerdrückt
1 Esslöffel Öl
1 Teelöffel Koriander
Salz und Cayennepfeffer

So wird es gemacht:

☺ Frisches M´luchia entstielen, waschen und kochen ➡ getrocknetes Muskraut mit den Fingern zerdrücken, heißes Wasser darüber gießen und aufsaugen lassen.
☺ Brühe kochen ➡ das Muskraut hineingeben (frisch 5 bis 10 Minuten kochen, getrocknet 20 bis 30 Minuten kochen).
☺ Die zerdrückten Knoblauchzehen mit Öl in einem extra

Topf goldbraun rösten ➟ Koriander und Cayennepfeffer dazugeben und etwas braten lassen ➟ Mischung zur Suppe geben und 2 Minuten kochen lassen. Ab und zu umrühren, abschmecken und heiß servieren.

****

Bohnensuppe Schorbet Fasulie

Zutaten:

500 g getrocknete weiße Bohnen
Saft von 1 Zitrone
3 Esslöffel getrocknete Petersilie oder
1/4 Bund frische Petersilie, Blätter waschen und hacken
2 bis 3 Esslöffel Olivenöl
Salz und Pfeffer

So wird es gemacht:

☺ Bohnen über Nacht einweichen ➟ mit ca. 2 Liter Wasser kochen, bis sie sehr weich werden ➟ Bohnen durch ein Sieb pressen oder mit der Küchenmaschine pürieren.
☺ Das Püree wieder in den Topf geben ➟ Olivenöl dazugeben ➟ mit Salz, Pfeffer und Zitronensaft abschmecken ➟ mit Petersilie garnieren und heiß servieren.

****

Linsensuppe Schorbet Adass شوربة عدس

Zutaten:

200 g gelbe, braune oder rote Linsen
1½ Liter Wasser oder Fleischbrühe
1 Markknochen, waschen
1 Stange Sellerie, hacken und waschen
1 große Zwiebel, schälen und hacken
1 große Karotte, schälen und hacken
1 Kartoffel, schälen, waschen und in kleine Würfel schneiden
50 g Butter oder Öl
1 Teelöffel Koriander
1/2 Teelöffel Zimt
Salz, Pfeffer und Zitronensaft

So wird es gemacht:

☺ Die gehackte Sellerie, Zwiebel, Karotten und Kartoffeln in ca. 50 g Butter oder Öl glasig dünsten.
☺ Linsen verlesen und waschen ➡ zu dem Gemüse geben ➡ darüber 1½ Liter Wasser oder Brühe gießen ➡ 1 Markknochen dazugeben und langsam kochen, bis die Linsen sehr weich werden (1 bis 1½ Std.) (Rote Linsen werden sich auflösen, dunkle nicht) ➡ am Ende gibt man die Gewürze dazu.
☺ Die fertig gekochte Suppe pürieren (Evtl. etwas Wasser dazugeben) und im Topf nochmals kurz aufkochen.
❍ Suppe mit gerösteten Fladenbrotstückchen servieren.

****

Spinat- und Linsensuppe

Zutaten:

500 g frischer Spinat oder 250 g gefrorener Blattspinat (aufgetaut)
100 bis 150 g Linsen
1 große Zwiebel, schälen und hacken
4 Esslöffel Öl
Salz
Pfeffer

So wird es gemacht:

☺ Zwiebel in Öl glasig dünsten ➡ die verlesenen und gewaschenen Linsen dazugeben ➡ mit 1½ Liter Wasser ca. 1 Stunde kochen.
☺ Den Spinat dazugeben und weitere 10 bis 15 Minuten kochen ➡ mit Salz und Pfeffer abschmecken und heiß servieren.

****

Erbsensuppe Schorbet Basela

Zutaten:

500 g gelbe geschälte Erbsen
1 Stange Sellerie, hacken und waschen
1½ Liter Hühnerbrühe oder Fleischbrühe oder Wasser und Brühe
Salz, Pfeffer und Paprikapulver
Petersilie (zum Garnieren)

So wird es gemacht:

☺ Erbsen mit Sellerie in Brühe gar kochen (1 bis 1½ Stunden).

☺ Die Suppe mit der Küchenmaschine pürieren oder durch ein Sieb geben ➟ nochmals aufkochen ➟ eventuell etwas Wasser dazugeben ➟ mit Salz, Pfeffer und Paprikapulver abschmecken ➟ mit Petersilie garnieren und heiß servieren.

****

Große-Weiße-Bohnensuppe

Zutaten:

500 g getrocknete große weiße Bohnen
1½ Liter Fleischbrühe oder Wasser und Brühe
2 Stangen Porree (nur das Weiße), in Scheiben schneiden und waschen
1 Esslöffel Tomatenmark
Salz und Pfeffer
Öl oder Butter

So wird es gemacht:

☺ Bohnen über Nacht einweichen ➟ im Sieb geben und abtropfen lassen.

☺ Porreescheiben kurz in Öl oder Butter andünsten ➟ die abgetropften Bohnen dazugeben und mit der Fleischbrühe und dem Tomatenmark sehr weich kochen (1½ bis 2 Stunden) ➟ mit Salz und Pfeffer abschmecken und heiß servieren.

Spinat-Jogurt-Suppe

Zutaten:

200 g Jogurt
500 g frischer Spinat, gewaschen und klein schneiden (nicht gehackt) oder 250 g gefrorener Blattspinat
125 g Reis, waschen
1 Zwiebel, schälen und hacken
2 Lauchzwiebeln, hacken (nur die weißen Stangen verwenden)
2 Knoblauchzehen, schälen
Salz und Pfeffer
2 bis 3 Esslöffel Öl

So wird es gemacht:

☺ Öl in einem Topf erhitzen, Zwiebeln dazugeben und glasig dünsten ➟ Spinat und Reis dazugeben ➟ 1 Liter Wasser darüber gießen und zum Kochen bringen ➟ 15 Minuten kochen ➟ salzen und pfeffern.
☺ In der Zwischenzeit Knoblauchzehen mit etwas Salz zerdrücken und mit dem Joghurt mischen ➟ unter Rühren zur Suppe dazugeben ***!!! nicht mehr kochen !!!***

****

Fleisch-Gemüse-Suppe

Zutaten:

500 g Rindfleisch, in Würfel schneiden und waschen
2 Markknochen, waschen
2 Stangen Sellerie, hacken und waschen
2 Stangen Porree, hacken und waschen
3 Tomaten, waschen und hacken
2 Zwiebeln, schälen und hacken
3 Esslöffel Öl
1 Esslöffel Tomatenmark
1 Teelöffel Sojasoße
Salz, Pfeffer und Paprikapulver
Petersilie (zum Garnieren)

So wird es gemacht:

☺ Fleischwürfel und Markknochen in 1½ Liter Wasser kochen ➟ Schaum abschöpfen.

☺ Das Gemüse in Öl anbraten ➟ die Tomaten später dazugeben ➟ das Gemüse, Tomatenmark und Sojasoße zum Fleisch geben, umrühren und 1½ bis 2 Stunden auf kleiner Flamme kochen ➟ salzen und pfeffern ➟ vor dem Servieren mit Petersilie garnieren.

****

Klößchensuppe

Zutaten:

500 g Lammfleisch oder Rindfleisch, in Würfel schneiden und waschen
500 g Hackfleisch (Lamm oder Rind)
2 Markknochen, waschen
100 g Reis, waschen und abtropfen lassen
1 Esslöffel Tomatenmark
1/2 Teelöffel Zimt
1/2 Teelöffel Piment
Salz und Pfeffer
Öl (zum Braten)
Petersilie

So wird es gemacht:

☺ Fleischwürfel und Knochen in ca. 1½ Liter Wasser kochen ➟ Schaum abschöpfen ➟ Salz, Pfeffer und Zimt dazugeben ➟ Tomatenmark einrühren ➟ für ca. 2 Stunden auf kleiner Flamme kochen.

☺ Das Hackfleisch mit Salz, Pfeffer und Piment mischen ➟ Eventuell das Hack nochmals durch den Fleischwolf drehen ➟ zu einem Fleischteig verarbeiten und zu kleinen Bällchen formen ➟ in Öl rundherum anbraten.

☺ 20 Minuten, bevor die Suppe fertig ist, die Fleischbällchen und den Reis dazugeben oder Reis extra kochen und vor dem Servieren dazugeben ➟ mit Petersilie garnieren.

Kuttelnsuppe

Zutaten:

1/2 kg Kutteln
Saft von 1 Zitrone
5 Knoblauchzehen, schälen und mit etwas Salz zerdrückt
25 g Butter
25 g Mehl
5 Esslöffel Essig
Salz
Pfeffer
Piment
Paprikapulver

So wird es gemacht:

☺ Kutteln gründlich waschen ➡ abtropfen lassen ➡ in Stücke schneiden ➡ in eine Schüssel geben und salzen ➡ Schüssel zudecken und Kutteln ca. 1½ Std. ziehen lassen.

☺ Zitronensaft in einen Topf geben und ca. 1½ Liter Wasser dazugeben ➡ zum Kochen bringen ➡ in der Zwischenzeit die eingelegten Kutteln unter fließendem Wasser waschen und in das kochende Wasser geben ➡ Topf schließen und bei schwacher Hitze garen.

☺ Aus Butter, Mehl und Kuttelsud eine Schwitze bereiten ➡ zur Suppe dazugeben ➡ mit Essig, Salz, Pfeffer, Piment, Knoblauchpaste und Paprikapulver abschmecken ➡ unter Rühren kurz aufkochen lassen ➡ mit geröstetem Brot servieren.

****

Reisgerichte

In östlichen Ländern wird Reis als Beilage zu Fleisch, Gemüse und Fisch in verschiedenen Varianten serviert.

Reis Ruz رز

Variante 1

Zutaten:

1 Tasse Langkornreis
1 Teelöffel Salz
2 Tassen Wasser

So wird es gemacht:

☺ Reis mit kaltem Wasser waschen und in einen Topf geben ➡ 2 Tassen kaltes Wasser darüber gießen ➡ Salz dazugeben ➡ kurz aufkochen lassen ➡ auf kleiner Flamme köcheln lassen, bis die Flüssigkeit verdampft und der Reis gar und trocken ist (ca. 20 Minuten) ➡ heiß servieren.

****

Variante 2

Zutaten:

1 Tasse Langkornreis
1 Teelöffel Salz
2 Esslöffel Öl oder Butter
2 Tassen Wasser

So wird es gemacht:

☺ Reis mit kaltem Wasser waschen und in einem Sieb abtropfen lassen.

☺ Öl oder Butter in einem Topf erhitzen ➡ Reis dazugeben ➡ unter Rühren 2 bis 3 Minuten anrösten ➡ 2 Tassen kaltes Wasser und Salz dazugeben ➡ umrühren und kurz aufkochen lassen ➡ bei schwacher Hitze 20 bis 25 Minuten garen, bis die Flüssigkeit verdampft und der Reis gar und trocken ist ➡ heiß servieren.

****

Variante 3

Zutaten:

1 Tasse Langkornreis
1 bis 2 Teelöffel Salz
2 Tassen Hühnerbrühe

So wird es gemacht:

☺ Diese Variante wird wie „Grundrezept-Variante 2, siehe Seite 39" beschrieben gekocht, statt Wasser wird Hühnerbrühe zum Reis gegeben.

****

Reis mit Eigelb

Zutaten:

1 Tasse Basmatireis oder persischer Reis
2 Teelöffel Salz
2 Esslöffel Butter
1 Kartoffel
Sumak (Gewürz) zum Garnieren

So wird es gemacht:

☺ Reis über Nacht in kaltem Wasser einweichen ➡ waschen und abtropfen lassen ➡ in reichlich gesalzenem Wasser kochen, bis die Reiskörner weich sind ➡ durch ein Sieb geben und abtropfen lassen ➡ inzwischen die Kartoffel schälen und in dünne Scheiben schneiden ➡ in einem Topf Butter schmelzen lassen ➡ Topfboden mit Kartoffelscheiben bedecken ➡ Reis mit einem Löffel darauf verteilen ➡ Topfdeckel in ein Tuch hüllen (damit der Dampf aufgefangen wird) und damit den Topf zudecken ➡ ca. 20 bis 25 Minuten auf kleiner Flamme garen lassen, bis der Reis trocken ist.

Servieren: Reis auf Tellern servieren, in die Mitte mit dem

Löffel eine kleine Mulde drücken ➟ ein Eigelb hineingeben ➟ mit Sumak bestreuen, dazu Fleischspieße servieren.
Zum Trinken eignet sich kaltes Ayran „Jogurtgetränk” (siehe Seite 119).

****

Reis mit Huhn Ruz maá Dajaj

Zutaten:

1 oder 2 Tassen Langkornreis
2 oder 4 Tassen Hühnerbrühe
1 Huhn, waschen und abtropfen lassen
2 Esslöffel Pinienkerne
Butter oder Öl
Salz
Pfeffer
Curry

So wird es gemacht:

☺ Huhn gar kochen, aus der Brühe nehmen ➟ Knochen und Haut entfernen ➟ Fleisch zerkleinern.
☺ Hühnerbrühe durch ein Sieb geben und kalt stellen.
☺ 2 Tassen Brühe (oder 4) in einen Topf geben ➟ 1 Tasse Reis (oder 2) waschen und zu der Brühe geben ➟ 1 bis 2 Teelöffel Salz dazugeben, umrühren und kurz aufkochen lassen ➟ Topfdeckel in ein Tuch hüllen (damit der Dampf aufgefangen wird) und damit den Topf zudecken ➟ auf kleiner Flamme weiterkochen ➟ inzwischen Butter in einem anderen Topf schmelzen lassen und darin die Pinienkerne, Hühnerfleisch, Salz, Pfeffer und Curry braten, bis die Pinienkerne Farbe annehmen ➟ über den Reis geben (nicht umrühren) ➟ der Reis braucht ca. 25 Minuten zum Garen, kurz vor Ablauf der 25 Minuten den Reis umrühren.
Servieren: Reis auf einem Teller servieren und mit den Fleischstücken anrichten. Dazu arabisches Brot (Fladenbrot) und Jogurt servieren.

****

Reis mit Fadennudeln رز بالشيعرية

Zutaten:

350 g Langkornreis, waschen und abtropfen lassen
200 g Fadennudeln
100 bis 125 g Kichererbsen, über Nacht in Wasser einweichen
1 Zwiebel, schälen und hacken
50 g Butter oder Öl
2 bis 2½ Tassen Wasser
Salz

So wird es gemacht:

☺ Kichererbsen 30 Minuten oder länger garen.

☺ Öl oder Butter in einem Topf erhitzen ➟ Zwiebeln dazugeben und glasig dünsten ➟ die Fadennudeln dazugeben und braten, bis die Nudeln Farbe annehmen ➟ Reis dazugeben und unter Umrühren einige Minuten braten ➟ Wasser (kalt) mit etwas Salz dazugeben und zum Kochen bringen ➟ Topfdeckel in ein Tuch hüllen (damit der Dampf aufgefangen wird) und damit den Topf zudecken ➟ auf kleiner Flamme ca. 20 Minuten garen.

☺ Die fertig gekochten Kichererbsen zum Reis geben und erhitzen ➟ zusammen mit Jogurt heiß servieren.

✻✻✻✻✻✻✻✻✻✻✻

Reis mit Fleisch und Kichererbsen

Zutaten:

500 g Lammfleisch oder Rind, in Stücke schneiden und waschen
2 Tassen Langkornreis, waschen und abtropfen lassen
300 g kleine Zwiebeln, schälen (oder Lauchzwiebeln)
50 g Kichererbsen, über Nacht in Wasser eingeweicht
1 Teelöffel Kümmel
Salz
Pfeffer

So wird es gemacht:

☺ In einem Topf Butter oder Öl erhitzen und darin die Fleischstücke und Zwiebeln braten, bis sie Farbe annehmen ➟ Kichererbsen in ein Sieb geben und abtropfen lassen ➟ zum Fleisch geben und mit Wasser bedecken ➟ mit Salz, Pfeffer und Kümmel würzen und ca. 2 Stunden auf kleiner Flamme garen.

☺ Falls nach dem Garen im Topf genug Brühe übrig geblieben ist, Reis dazugeben (ansonsten Wasser nachfüllen) ➟ aufkochen (Topf zudecken) und ca. 20 Minuten auf kleiner Flamme garen ➟ heiß servieren.

****

Reis mit breiten Bohnen

Zutaten:

2 Tassen Langkornreis, waschen und abtropfen lassen
500 g frische oder gefrorene breite Bohnen
1 Zwiebel, schälen und hacken
2 Knoblauchzehen, mit etwas Salz zerdrücken
Öl oder Butter
1 Teelöffel Koriander
Salz und Pfeffer

So wird es gemacht:

☺ Öl oder Butter in einem Topf erhitzen ➟ Zwiebelstücke dazugeben und dünsten, bis sie Farbe annehmen ➟ dicke Bohnen dazugeben und einige Minuten braten, etwas Wasser dazugeben ➟ salzen und pfeffern ➟ bei schwacher Hitze garen.

☺ Öl oder Butter in einer Pfanne erhitzen ➟ Knoblauchpaste und Koriander darin anbraten ➟ Reis dazugeben und braten, bis die Reiskörner glasig werden ➟ Pfanneninhalt zu den Bohnen geben, mit 2 Tassen Wasser bedecken und aufkochen ➟ Topf zudecken ➟ bei schwacher Hitze ca. 20 Minuten garen ➟ heiß zu Fleisch oder Gemüse oder Jogurtgerichten servieren.

Gemüsegerichte

Rote-Linsen-Püree Mujadara مجدرة صفرة

Zutaten:

300 g rote Linsen, verlesen und gewaschen
4 Zwiebeln, schälen und hacken
50 g Reis, waschen und abtropfen lassen
1 Teelöffel Salz
Öl

So wird es gemacht:

☺ Die Zwiebeln in Öl glasig dünsten ➟ Linsen dazugeben ➟ mit 1 Liter Wasser aufgießen und 30 Minuten kochen ➟ Reis dazugeben und weitere 30 Minuten köcheln lassen. Eventuell Wasser nachgießen (die Linsen werden wie Püree, der Reis bleibt körnig) ➟ mit Salz abschmecken und mit arabischem Brot und Salat servieren.

❁❁❁❁❁❁❁❁❁❁

Gefüllte Weinblätter in Öl

Zutaten:

1 Beutel eingelegte Weinblätter
1 Tasse Reis, waschen und abtropfen lassen
4 Tomaten, fein hacken
2 Zwiebeln, schälen und fein hacken
Saft einer Zitrone
1 Kartoffel
1 Tasse Olivenöl (ca. 50 ml)
1 Bund Petersilie, Blätter waschen und hacken
Salz, Pfeffer, Paprikapulver und eine Prise Piment

So wird es gemacht:

☺ **Füllung vorbereiten:**
Reis waschen und in eine Schale geben ➟ die gehackten

Tomaten, Zwiebeln, Petersilie, Zitronensaft, Olivenöl und Gewürze dazugeben und gut mischen.

☺ Weinblätter waschen und ca. 15 Minuten in Wasser kochen ➟ Wasser abgießen und abtropfen lassen ➟ Stiele und harte Ecken abschneiden (Abb. 1) ➟ Weinblätter mit der rauen Seiten nach oben auf die Arbeitsfläche legen ➟ auf jedes Blatt einen Esslöffel Füllung legen (Abb. 2-A) ➟ untere Ecken nach innen schlagen, dann die Seiten (Abb. 2-B und C) ➟ die unteren Teile in Richtung Blattspitze aufrollen (Abb. 2-D).

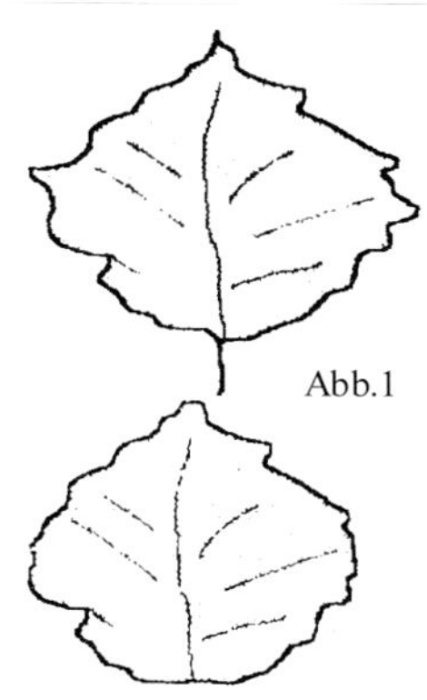
Abb.1

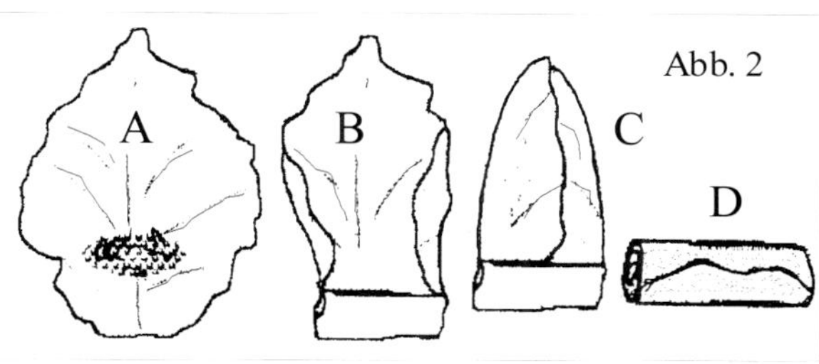

Abb. 2

☺ Wenn die Blätter gefüllt und gerollt sind, bindet man alle 10 bis 15 Rollen jeweils mit einem Faden zusammen. Damit wird ein Auslaufen der Füllung aus den Rollen beim Kochen verhindert.

☺ Kartoffel schälen und in Scheiben schneiden ➟ mit einigen Kartoffelscheiben den Boden des Kochtopfes auslegen ➟ gefüllte Weinblätterbündel darauf legen ➟ ca. 2 Tassen Wasser dazugeben ➟ einen Teller nehmen und auf die Weinblätter legen, darauf eine kleine Schüssel mit Wasser stellen (Abb. 3) (damit die gefüllten Blätter beim Kochen nicht platzen) ➟ Topf zudecken und ca. 1/2 Stunde köcheln lassen (erst aufkochen lassen, dann bei schwacher Hitze köcheln lassen) ➟ die fertig gekochten Weinblätter auf einen Teller legen, mit Zitronenscheiben garnieren ➟ heiß oder kalt servieren, mit arabischem Brot essen.

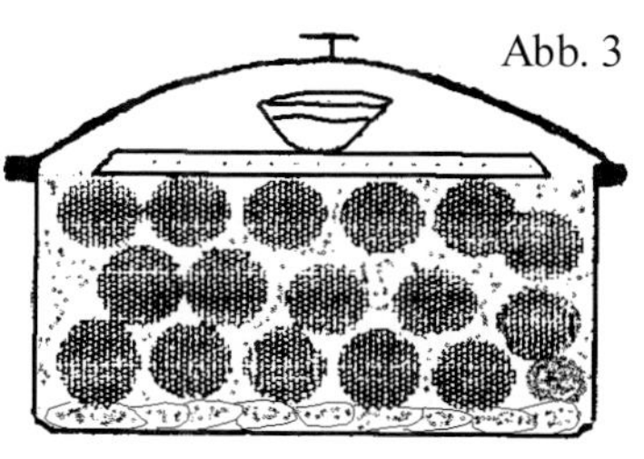
Abb. 3

Weinblätter mit Fleischfüllung

Warakinab bi Lahma ورق عنب باللحمة

Zutaten:

1 Beutel eingelegte Weinblätter, waschen und ca. 15 Minuten kochen und abtropfen lassen, Stiele und harte Ränder entfernt (siehe Seite 45)
300 g Hackfleisch (Rind)
2 Zwiebeln, schälen und hacken
1 Bund Petersilie, Blätter waschen und hacken
2 Tomaten, hacken
2 Knoblauchzehen, schälen und mit etwas Salz zerdrücken
1 Tasse Reis, waschen und abtropfen lassen
1 Markknochen, waschen und daraus eine Brühe kochen
2 Esslöffel Tomatenmark
Salz und Pfeffer
Paprikapulver und Piment

So wird es gemacht:

☺ Weinblätter wie auf Seite 45 beschrieben zubereiten.

☺ Hackfleisch in einen Topf oder eine Schüssel geben, dazu zerdrückte Knoblauchzehen, gehackte Zwiebeln, Tomaten, Petersilie, Reis, Salz, Pfeffer, Paprikapulver und Piment geben und mit den Händen kneten.

☺ Füllung (löffelweise) in die Weinblätter geben ➟ zu Rollen drehen und in einen Topf legen (Beschreibung siehe Seite 45 / Abb. 1 und 2).

☺ Tomatenmark in 1 Tasse Wasser und 1 Tasse Brühe auflösen und zu den gerollten Weinblätter geben ➟ einen Teller nehmen und auf die Weinblättern legen, darauf eine kleine Schüssel mit Wasser stellen (siehe Seite 45 / Abb. 3) (damit die gefüllten Blätter beim Kochen nicht platzen) ➟ Topf zudecken ➟ aufkochen, dann ca. 30 Minuten bei schwacher Hitze köcheln lassen ➟ heiß mit arabischem Brot und Salat servieren.

❁❁❁❁❁❁❁❁❁❁

Kohlrouladen Malfuf Mahschi ملفوف محشي

So wird es gemacht:

☺ Dieses Gericht wird wie **Weinblätter mit Fleischfüllung** zubereitet (siehe Seite 44 und 46). Den Weißkohl in kochendes Salzwasser geben und ca. 15 Minuten kochen, damit die Blätter leichter gelöst werden können ➟ die Blätter füllen und wie die Weinblätter weiterverarbeiten.

❁❁❁❁❁❁❁❁❁❁

Auberginen, Zucchini, Tomaten und Paprikaschoten

können wie Weinblätter und Weißkohlblätter mit der gleichen Fleischfüllung verarbeitet und gekocht werden.

❁❁❁❁❁❁❁❁❁❁

Auberginen und Zucchini

Zutaten:

5 mittelgroße oder 7 kleine Auberginen oder Zucchini

Füllung wie auf den Seiten 46 und 50 beschrieben herstellen

So wird es gemacht:

☺ Auberginen oder Zucchini waschen und die Stielansätze abschneiden ➟ der Länge nach halbieren ➟ die Früchte von der Schnittfläche her mit einem langstieligen Löffel vorsichtig aushöhlen, bis nur noch eine dünne Wand bleibt ➟ die ausgehöhlten Auberginen oder Zucchini mit Fleisch-Reis-Mischung (Rezept „Weinblätter mit Fleischfüllung", siehe Seite 46) füllen ➟ mit den Schnittflächen nach oben in einen Topf legen ➟ Tomatenmark in 2 Tassen Wasser und 1 Tasse Brühe auflösen und dazugeben ➟ 20 bis 25 Minuten kochen.

☝ **Die Brühe darf nicht gänzlich verdampfen !!!**

☺ Heiß servieren. Beilage: Salat und arabisches Brot.

❁❁❁❁❁❁❁❁❁❁

Tomaten und Paprikaschoten

werden wie Auberginen zubereitet und gekocht, dafür verwenden Sie 6 bis 7 große Tomaten oder Paprikaschoten.
Kochzeit: 15 bis 20 Minuten.

❁❁❁❁❁❁❁❁❁❁❁

Gefüllte Auberginen Batingen Mahschi

Zutaten:

2 große Auberginen
1 Zwiebel, schälen und hacken
200 g Rinderhack
2 Esslöffel gehackte Petersilie
1 Tomate, in Scheiben schneiden
1 Paprikaschote, in Ringe geschnitten und vom Samen befreit
50 g Tomatenmark
reichlich Öl zum Braten
Salz und Pfeffer

So wird es gemacht:

☺ Auberginen schälen und Stielansätze abschneiden ➟ in dünne Scheiben schneiden und für ca. 1 Stunde in Salzwasser legen.
☺ **Hackfleisch zu Teig verarbeiten:**
Salz, Pfeffer, gehackte Zwiebeln und Petersilie dazugeben ➟ den Teig zu kleinen Würstchen rollen und anbraten.
☺ Auberginenscheiben in ein Sieb geben und abtropfen lassen ➟ kurz von einer Seite anbraten ➟ in die Mitte jeder Scheibe ein Hackwürstchen legen und die Scheibe rollen ➟ die fertig gerollten Auberginenscheiben in eine Auflaufform legen ➟ darauf Tomaten- und Paprikascheiben legen ➟ Tomatenmark in Wasser (ca. 2 Tassen oder mehr) auflösen und zu den Auberginen geben ➟ im vorgeheizten Backofen (200°C) für eine 1/4 Stunde backen ➟ heiß mit Reis servieren.

❁❁❁❁❁❁❁❁❁❁❁

Gebratene Auberginen oder Zucchini

Zutaten:

1 große Aubergine oder 5 Zucchini
reichlich Öl zum Braten
Salz und Pfeffer

So wird es gemacht:

☺ Aubergine oder Zucchini schälen ➡ in dünne Streifen schneiden ➡ salzen und pfeffern ➡ Öl in einer Pfanne erhitzen ➡ die Auberginenstreifen oder Zucchini darin braten ➡ beide Seiten müssen dunkelbraun werden ➡ heiß mit arabischem Brot und Jogurt-Knoblauch-Mischung servieren.

❁❁❁❁❁❁❁❁❁❁

Auberginen mit Zwiebeln

Zutaten:

500 g kleine Auberginen
3 Zwiebeln, schälen und in Scheiben schneiden
4 Knoblauchzehen, schälen und fein hacken
4 Tomaten, waschen und hacken
1 kleine Dose Tomatenmark (70 g) oder Tomatensaft
Öl zum Braten
1/2 Esslöffel Koriander
Salz und Pfeffer

So wird es gemacht:

☺ Auberginen waschen und die Stielansätze abschneiden ➡ Auberginen der Länge nach halbieren ➡ in einer Pfanne Öl erhitzen und die Auberginen darin von einer Seite braten ➡ die gebratenen Auberginen mit den Schnittflächen nach oben in eine Auflaufform legen ➡ die oberen Seiten mit einem Löffel öffnen oder eindrücken und mit Zwiebelfüllung belegen.

Zwiebelfüllung: Die geschnittenen und zerkleinerten Zwiebeln, Tomaten und Knoblauch in Öl anbraten ➡ Salz, Pfeffer und Koriander dazugeben und mischen.

☺ Tomatenmark in ca. 1/2 Liter Wasser auflösen und über die gefüllten Auberginen gießen ➟ 1/4 Stunde im Backofen überbacken (auf 200°C vorgeheizt) ➟ mit arabischem Brot und Salat servieren.

❁❁❁❁❁❁❁❁❁❁

Füllung für Gemüse

Füllung 1: Tatbika

Zutaten:

300 g Hackfleisch
1 Zwiebel, schälen und fein hacken
1 Knoblauchzehe, schälen und mit etwas Salz zerdrücken
2 Esslöffel Öl oder Butter
50 g Pinienkerne
Salz, Pfeffer, Paprikapulver und Piment

So wird es gemacht:

☺ Öl oder Butter in einer Pfanne erhitzen ➟ Zwiebeln dazugeben und glasig dünsten ➟ Hackfleisch dazugeben, mit einer Gabel zerdrücken und braten, bis es Farbe annimmt ➟ Pinienkerne, Salz, Pfeffer, Paprikapulver und Piment dazugeben und einige Minuten braten. Falls nötig, etwas Wasser dazugeben ➟ kalt stellen.

❁❁❁❁❁❁❁❁❁❁

Füllung 2 - Fleisch und Reis Lahma we Ruz

Zutaten:

250 g Hackfleisch
75 g Reis, waschen und abtropfen lassen
1 Tomate, waschen und hacken
3 Esslöffel Petersilie, gehackt
1 Knoblauchzehe, schälen und mit etwas Salz zerdrücken
Salz, Pfeffer, Piment und Paprikapulver

So wird es gemacht:

☺ Alle Zutaten in eine Schüssel geben und gut vermengen.
❍ Die einzelnen Gemüseteile nur ¾ füllen, weil der Reis beim Kochen sein Volumen verdoppelt.

Füllung 3 - Kichererbsen mit Reis

Zutaten:

100 g Reis, waschen und abtropfen lassen
50 g Kichererbsen, über Nacht in Wasser einweichen
1 Zwiebel, schälen und hacken
150 g Tomaten, enthäutet und gehackt
Salz, Pfeffer und Paprikapulver
Öl oder Butter

So wird es gemacht:

☺ Kichererbsen ***ohne Salz*** fast gar kochen.
☺ Zwiebeln in Öl oder Butter glasig dünsten.
☺ Alle Zutaten in eine Schüssel geben, auch die Kichererbsen und Zwiebeln ➟ gut vermengen und mit beiden Händen kneten.

❁❁❁❁❁❁❁❁❁❁

Gefüllte Zucchini in Jogurt

Zutaten:

7 bis 8 kleine Zucchini
800 ml Jogurt, in einen Stoffbeutel geben und abtropfen lassen
3 Knoblauchzehen, schälen
Öl oder Butter

Füllung: siehe Seite 50

So wird es gemacht:

☺ 7 bis 8 Zucchini ➟ Stielansätze abschneiden, mit einem Teelöffel vorsichtig aushöhlen und füllen (siehe Seite 50) ➟ mit der Öffnung nach oben in einen Topf legen ➟ 1/2 Liter Wasser dazugeben und ca. 30 Minuten bei schwacher Hitze garen.
☺ Jogurt zum Kochen vorbereiten ➟ über die Zucchini gießen ➟ ca. 20 Minuten auf kleiner Flamme köcheln lassen.
☺ Knoblauchzehen mit etwas Salz zerdrücken ➟ in einer Pfanne mit Öl oder Butter braten und zum Jogurt dazugeben ➟ abschmecken ➟ heiß mit Reis servieren.

Linsen in Butter

Zutaten:

ca. 300 g dunkle Linsen
1 Zwiebel, schälen und hacken
2 Knoblauchzehen, schälen und fein hacken oder mit etwas Salz zerdrücken
50 g Butter oder 3 Esslöffel Öl
1 Teelöffel Kümmel
Saft einer halben Zitrone
Salz und Pfeffer

So wird es gemacht:

☺ Linsen waschen und für einige Minuten in Wasser einweichen ➡ abtropfen lassen ➡ Butter oder Öl in einem Topf oder einer Pfanne erhitzen ➡ Zwiebeln und Knoblauch braten, bis sie braun werden ➡ Linsen dazugeben und einige Minuten braten ➡ 2 Tassen Wasser dazugeben ➡ umrühren und zum Kochen bringen ➡ Schaum abschöpfen ➡ mit Salz, Pfeffer und Kümmel abschmecken ➡ Topf zudecken und bei kleiner Flamme ca. 1 Stunde garen. Falls nötig, Wasser nachgießen ➡ in eine Schüssel geben ➡ mit Zitronensaft abschmecken und mit Zitronenscheiben garnieren ➡ heiß oder kalt und mit arabischem Brot servieren.

❁❁❁❁❁❁❁❁❁❁

Linsen mit Nudeln Rischta

Zutaten:

250 g dunkle Linsen, einige Stunden in Wasser eingeweicht
2 Zwiebeln, schälen und hacken
3 Knoblauchzehen, schälen und mit etwas Salz zerdrücken
300 bis 350 g Nudeln
1 Teelöffel Koriander
Salz und Pfeffer
2 Esslöffel Butter
Öl

So wird es gemacht:

☺ Linsen waschen und in einem Sieb abtropfen lassen ➟ in einem Topf mit 2 Tassen Wasser ca. 1 Stunde garen ➟ in ein Sieb geben und abtropfen lassen, dann in eine Pfanne geben.
☺ Zwiebeln mit etwas Öl oder Butter glasig dünsten ➟ Koriander und Knoblauchpaste dazugeben und für ca. 1 Minute dünsten ➟ zu den Linsen geben ➟ salzen und pfeffern.
☺ Nudeln in Salzwasser 10 Minuten kochen ➟ abgießen ➟ zu den Linsen geben, Butter hinzufügen und gut vermischen ➟ heiß mit arabischem Brot servieren.

✽✽✽✽✽✽✽✽✽✽✽

Rischta (Nudeln) mit Fleisch und Tomatensoße

Zutaten:

500-600 g Nudeln oder Spaghetti
250 g Rind-, Lamm- oder Kalbfleisch, waschen und in kleine Stücke schneiden
2 Zwiebeln, schälen und hacken
1 bis 2 Knoblauchzehen, schälen und hacken
500 g reife Tomaten, enthäutet und gehackt
50 g Tomatenmark
Öl oder Butter
1 Teelöffel Piment
1/2 Teelöffel Kümmel
Geriebener Parmesankäse
Salz und Pfeffer

So wird es gemacht:

☺ Zwiebeln und Knoblauch in heißem Öl oder Butter dünsten ➟ Fleisch dazugeben und von allen Seiten braun braten ➟ mit Salz, Pfeffer und Piment abschmecken ➟ Tomaten und Tomatenmark darüber geben und auf kleiner Flamme köcheln lassen. Falls nötig, Wasser dazugeben ➟ 1 bis 1½ Stunden köcheln lassen, bis das Fleisch sehr weich ist und die Soße dick wird ➠ Kümmel dazugeben und abschmecken.

☺ Nudeln in Salzwasser 5 bis 8 Minuten gar kochen ➠ abtropfen lassen und in eine Schüssel geben ➠ das fertig gekochte Fleisch mit Tomatensoße über die Nudeln gießen und servieren ➠ mit Parmesankäse garnieren.

❁❁❁❁❁❁❁❁❁❁

Weiße Bohnen mit Tomaten und Zwiebeln

Zutaten:

350 g weiße Bohnen, über Nacht in Wasser eingeweicht
2 Zwiebeln, schälen und in Scheiben schneiden
2 Tomaten, enthäutet und gehackt
3 bis 4 Knoblauchzehen, schälen und in kleine Streifen schneiden
3 Esslöffel Öl oder Butter
3 Esslöffel Tomatenmark
3 Esslöffel gehackte Petersilie
1 Lorbeerblatt
Salz, Pfeffer, Paprikapulver
Eine Prise Cayennepfeffer

So wird es gemacht:

☺ Die eingeweichten Bohnen abtropfen lassen ➠ Wasser ohne Salz in einem Topf zum Kochen bringen und die Bohnen darin ca. 2 Stunden gar kochen (köcheln lassen).

☺ Zwiebeln in Öl oder Butter dünsten, bis sie Farbe annehmen ➠ Knoblauch dazugeben und für einige Minuten braten ➠ Tomaten dazugeben und zu Brei kochen ➠ Tomatenmark und die gekochten Bohnen dazugeben, ca. ¼ bis ½ Tasse Bohnenwasser darüber gießen und umrühren ➠ mit Salz, Pfeffer und Cayennepfeffer abschmecken, Lorbeerblatt und Petersilie dazugeben ➠ 10 bis 15 Minuten auf kleiner Flamme köcheln lassen ➠ heiß oder kalt servieren.

❁❁❁❁❁❁❁❁❁❁

Weiße Bohnen mit Fleisch

Zutaten:

500 g weiße Bohnen, über Nacht in Wasser eingeweicht
500 g Schmorbraten (Lamm oder Rind), in Würfel schneiden und waschen
2 Zwiebeln, schälen und hacken
2 Tomaten, enthäutet und gehackt
3 Esslöffel Tomatenmark
3 Knoblauchzehen, schälen
50 g Butter oder Öl
Salz und Pfeffer

So wird es gemacht:

☺ Bohnen waschen und abtropfen lassen ➟ in Wasser ***ohne Salz*** ca. 30 Minuten kochen ➟ in ein Sieb geben und abtropfen lassen ➟ zur Seite stellen.
☺ Butter oder Öl in einem Topf erhitzen ➟ Zwiebeln dazugeben und dünsten, bis sie Farbe annehmen ➟ Knoblauchzehen dazugeben und braten ➟ Fleischwürfel dazugeben und von allen Seiten anbraten ➟ Tomaten, Tomatenmark und die gekochten Bohnen dazugeben ➟ mit Wasser bedecken und aufkochen ➟ auf kleiner Flamme garen, bis das Fleisch sehr weich ist und die Soße dicker wird ➟ salzen und pfeffern ➟ mit Reis und Salat servieren.

❁❁❁❁❁❁❁❁❁❁❁

Gekochter Weizenschrot

Zutaten:

1 Tasse Weizenschrot (Burgul)
2 Tassen Fleischbrühe
1/2 Tasse gekochte Kichererbsen
1 Zwiebel, schälen und fein hacken
1 Tomate, waschen und fein hacken
2 Esslöffel Butter, Margarine oder Öl
Salz
Pfeffer

So wird es gemacht:

☺ Weizenschrot waschen ➡ in kaltem Wasser ca. 20 Minuten einweichen ➡ in ein Sieb geben und abtropfen lassen.
☺ Butter, Öl oder Margarine in einem Topf erhitzen ➡ Zwiebeln darin glasig dünsten ➡ Tomaten und Kichererbsen dazugeben und kurz andünsten ➡ Brühe darüber gießen, salzen und pfeffern ➡ Weizenschrot dazugeben ➡ umrühren, dann aufkochen lassen und auf kleiner Flamme ca. 30 Minuten köcheln lassen (Topf zudecken) ➡ heiß mit Jogurt und Fladenbrot servieren.

❁❁❁❁❁❁❁❁❁❁❁

Kuskus oder Mugrabieh مغربية

Zutaten:

1 Beutel Kuskus oder Mugrabieh (250 oder 500 g)
1 Hähnchen, waschen und abtropfen lassen
250 g Lammfleisch, waschen
250 g Rindfleisch, waschen
2 Zwiebeln, schälen und hacken
200 g Kichererbsen, über Nacht in Wasser eingeweicht
5 bis 6 kleine Zwiebeln, schälen
2 weiße Rüben, gehackt oder gerieben
2 Kartoffeln, schälen und in Scheiben schneiden
2 bis 3 Zucchini, Stielansätze abschneiden und in Scheiben schneiden
2 Tomaten, waschen und in Scheiben schneiden
200 g frische grüne Bohnen
2 bis 3 Esslöffel gehackte Petersilie
Salz
Pfeffer
Piment
Ingwer
Paprikapulver
Cayennepfeffer
Butter oder Olivenöl

So wird es gemacht:

☺ Kuskus kochen in ein Sieb geben und abtropfen lassen ➟ warm halten:

❍ **Arabischer Kuskus (Mugrabieh)** wird in reichlich Salzwasser gekocht.

❍ **Nord-Afrikanische Kuskus** (nur roten oder grauen Kuskus verwenden) wird zuerst mit kaltem Wasser angefeuchtet und mit den Händen durchgeknetet, damit er nicht klumpig wird, dann wie unten beschrieben weiter verfahren.

☺ Fleisch und Huhn gar kochen und zerlegen.

☺ Kichererbsen gar kochen.

☺ Gehackte Zwiebeln in Butter oder Öl glasig dünsten ➟ Kichererbsen und Gewürze dazugeben und unter Rühren einige Minuten braten.

☺ Hühner- und Fleischbrühe in einem großen Topf zum Kochen bringen ➟ die fertig gebratenen Zutaten dazugeben, dann nach und nach die Gemüsesorten, die eine längere Garzeit benötigen, in die Brühe geben ➟ Fleisch dazugeben ➟ Kuskus in ein Sieb geben und auf den Topf mit dem Gemüse stellen ➟ Gemüse garen.

☺ Kuskus auf einen tiefen Teller häufen, Gemüse und Fleisch rundherum legen und heiß servieren.

❁❁❁❁❁❁❁❁❁❁

Okraauflauf Bamie باميه

Variante 1(Variante 2, siehe Seite 92)

Zutaten:

500 g frische Okraschoten oder getrocknete Okra
1/4 kg Rinderhack
1 Zwiebel, schälen und fein hacken
125 ml Fleischbrühe
250 g Tomaten, kreuzweise einschneiden, kurz mit kochendem Wasser überbrühen, Haut abziehen und hacken
2 Knoblauchzehen, schälen und mit etwas Salz zerdrücken
3 Esslöffel Jogurt
1 Esslöffel Tomatenmark
Saft von 1 Zitrone
Salz und Pfeffer
Öl und Butter

So wird es gemacht:

☺ Getrocknete Okra über Nacht in Wasser einweichen. Frische Okra an den Stielenden spitzförmig (kegelförmig) abschneiden ➟ kaltes Wasser mit etwas Zitronensaft mischen und die Okra darin ca. 15 Minuten legen ➟ in ein Sieb geben und abtropfen lassen.

☺ Okra in einem Topf mit heißem Öl braten, bis sie Farbe annehmen ➟ in ein Sieb geben und abtropfen lassen.

☺ ca. 50 ml Öl in einem Topf erhitzen ➟ Zwiebeln dazugeben und glasig dünsten ➟ Tomaten und Knoblauchpaste dazugeben und dünsten, bis die meiste Flüssigkeit verdampft ist ➟ Hackfleisch dazugeben und braten, bis es Farbe annimmt ➟ Fleischbrühe darüber gießen ➟ Tomatenmark darin auflösen ➟ abschmecken, und solange kochen, bis die Flüssigkeit fast verdampft ist.

☺ Eine Auflaufform mit Butter einfetten ➟ die Hälfte des Fleisches darin verteilen ➟ Okra darauf verteilen und mit dem restlichen Fleisch bedecken ➟ mit Öl beträufeln ➟ ca. 30

Minuten im vorgeheizten Backofen (200°C) backen ➟ heiß mit Reis und Salat servieren.

❁❁❁❁❁❁❁❁❁❁

M´luchia ملوخية

Zutaten:

250 g getrocknete M´luchia (siehe Seite 8)
2 Knoblauchzehen, schälen und mit Salz zerdrücken
2 Knoblauchzehen, schälen und vierten
1 Zwiebel, schälen und hacken
2 Esslöffel Petersilie, gehackt
1 Teelöffel Koriander
je 1 Teelöffel Piment und Paprikapulver
1 Teelöffel Zitronensaft
1/4 Teelöffel Chilipulver
1 Liter Fleischbrühe
250 g gekochtes Lamm- oder Kalbfleisch
1 gekochtes Huhn, zerlegen
Öl
Salz
Pfeffer

So wird es gemacht:

☺ M´luchia entstielen ➟ kaltes Wasser darüber gießen und aufsaugen lassen ➟ in ein Sieb geben und abtropfen lassen.

☺ Öl in einem Topf erhitzen ➟ Zwiebeln darin glasig dünsten ➟ Knoblauchpaste und gehackten Knoblauch dazugeben und dünsten, bis sie Farbe annehmen ➟ Koriander, Petersilie und Gewürze dazugeben und braten ➟ M´luchia untermengen und solange dünsten, bis die Blätter weich sind ➟ mit Fleischbrühe bedecken ➟ zum Kochen bringen, dann auf kleiner Flamme 20 bis 25 Minuten garen ➟ heiß in einen Servierteller geben ➟ Fleisch und Hühnerstücke darauf verteilen ➟ heiß mit Reis, Fladenbrot und Salat servieren.

❁❁❁❁❁❁❁❁❁❁

Spinat mit Hackfleisch

Zutaten:

1 kg Blattspinat, Blätter waschen und hacken
500 g Rinderhack
2 Zwiebeln, schälen und hacken
4 Esslöffel Butter
1 Tasse Wasser
Salz
Pfeffer
Piment
Pinienkerne (nach Belieben)

So wird es gemacht:

☺ Wasser in einen Topf geben und zum Kochen bringen ➟ Spinat dazugeben und 5 Minuten kochen lassen ➟ in ein Sieb geben und abtropfen lassen.
☺ Butter in einem Topf zerlassen ➟ Spinat dazugeben und ca. 5 Minuten dünsten (ununterbrochen rühren) ➟ 1 Tasse Wasser und Salz darüber geben ➟ umrühren ➟ kurz zum Kochen bringen, dann 4 bis 5 Minuten köcheln lassen ➟ Topf beiseite stellen.
☺ Hackfleisch in Butter braten ➟ etwas Spinatwasser darüber geben und ca. 10 Minuten köcheln lassen, dann zum Spinat geben und gut vermengen.
☺ Etwas Butter in einem Topf oder einer Pfanne zerlassen ➟ Pinienkerne dazugeben und braten, bis sie Farbe annehmen ➟ zur Spinat-Hackfleisch-Mischung geben ➟ Topfinhalt bei schwacher Hitze ca. 10 Minuten köcheln lassen ➟ heiß mit Reis und Fladenbrot servieren.

❁❁❁❁❁❁❁❁❁❁

Geflügelgerichte

Hühnerleber in Knoblauch-Marinade

Zutaten:

1 kg Hühnerleber
4 Knoblauchzehen, schälen, in einen Mörser mit etwas Salz zerdrücken
1 bis 1½ Tassen Wasser
2 bis 3 Esslöffel Granatapfelsoße oder Sojasoße
1/2 Bund Petersilie, Blätter waschen und hacken
Salz
Pfeffer
Piment
Paprikapulver
Öl oder Butter zum Anbraten

So wird es gemacht:

☺ Hühnerleber waschen ➟ in ein Sieb geben und abtropfen lassen.
☺ Die zerdrückten Knoblauchzehen in einem Topf kurz anbraten ➟ Hühnerleber dazugeben und anbraten, bis sie Farbe annimmt ➟ Soja- oder Granatapfelsoße, Petersilie, Pfeffer, Salz, Piment und Paprikapulver dazugeben und einige Minuten mit der angebratenen Hühnerleber schmoren, öfter umrühren ➟ Wasser dazugeben ➟ Inhalt des Topfes gut umrühren ➟ Topf zudecken ➟ kurz zum Kochen bringen, dann ca. 20 Minuten auf kleiner Flamme gar kochen ➟ heiß servieren.

****

Gegrilltes Huhn

Das Huhn in Teile schneiden und über Nacht in Marinade einlegen.

Marinade:

1 kleine Zwiebel, schälen und hacken
3 Knoblauchzehen, schälen und mit Salz zerdrücken
Saft einer Zitrone
Salz und Pfeffer
3 Esslöffel Olivenöl

So wird es gemacht:

☺ Grill vorheizen ➟ die eingelegten Hühnerteile auf den Rost legen ➟ von beiden Seiten grillen (sie dürfen nicht schwarz werden).

Andere Möglichkeit: Backofen auf 200°C vorheizen ➟ Hühnerteile in eine Auflaufform legen und in den Backofen schieben (ca. 30 bis 40 Minuten).

****

Huhn mit Kichererbsen

Zutaten:

1 Poularde, waschen und abtropfen lassen
250 g getrocknete Kichererbsen, über Nacht in Wasser eingeweicht
1 Zwiebel, schälen und hacken
Saft einer Zitrone
3 Knoblauchzehen, schälen und mit Salz zerdrücken
2 Esslöffel Öl
1 Esslöffel Kurkuma
Salz, Pfeffer und Cayennepfeffer

So wird es gemacht:

☺ Die Zwiebeln mit Öl in einer Kasserolle andünsten und mit Kurkuma mischen ➟ das Huhn dazugeben und rundum anbräunen ➟ 1/2 Liter Wasser darüber gießen ➟ die Kichererbsen, Knoblauch, Zitronensaft, Salz, Pfeffer und

Cayennepfeffer dazugeben ➡ zum Kochen bringen, dann bei schwacher Hitze köcheln lassen, bis das Huhn sehr gar ist ➡ nachwürzen und in Teile geschnitten servieren.

****

Ferike فريكه

Zutaten:

1 Poularde, waschen und abtropfen lassen
1 Stück Kalbshaxe, waschen und abtropfen lassen
6 Eier
200 g Weizenschrot (Burgul), waschen, in kaltem Wasser ca. 30 Minuten einweichen, in ein Sieb geben und abtropfen lassen
4 Esslöffel Öl
1 Esslöffel Kurkuma
Salz, Pfeffer und Kurkuma

So wird es gemacht:

☺ Die Eier unter fließendem Wasser abbürsten.
☺ Alle Zutaten in einem großen Topf mit 1 Liter Wasser zum Kochen bringen und auf kleiner Flamme ca. 3 Stunden weiterkochen, bis das Fleisch fast auseinander fällt.
☺ Die Eier herausnehmen und die Schale entfernen ➡ wieder in den Topf geben und weitere 10 Minuten köcheln lassen ➡ abschmecken, eventuell nachwürzen und heiß servieren.

****

Huhn mit Oliven Dajaj bi Zeitun

Zutaten:

1 großes Huhn oder 1 Poularde, waschen
200 g grüne und schwarze Oliven
3 Esslöffel Olivenöl
2 Zwiebeln, schälen und in Scheiben geschnitten
1 Zwiebel, schälen und hacken
Saft einer Zitrone
1 Teelöffel Ingwerpulver
Salz, Pfeffer und Paprikapulver

So wird es gemacht:

☺ Öl in einem großen Topf erhitzen ➟ 1 Tasse Wasser dazugeben und umrühren ➟ die Zwiebelscheiben, Salz, Pfeffer, Paprikapulver und Ingwer dazugeben ➟ Huhn darauf legen ➟ Topf zudecken und kurz aufkochen, dann bei schwacher Hitze ca. 1 Stunde köcheln lassen ➟ das Huhn ab und zu wenden ➟ die gehackten Zwiebeln dazugeben und eine weitere ½ Stunde köcheln lassen.

☺ Die Oliven entsteinen ➟ in einem Topf mit kaltem Wasser aufkochen ➟ Wasser abgießen (um das Salz zu entfernen).

☺ Die Oliven zum Huhn geben und einige Minuten mitkochen ➟ vor dem Servieren Zitronensaft über das Gericht träufeln ➟ heiß mit Reis oder Kuskus (Couscous) servieren.

****

Schmorhuhn

Zutaten:

1 Brathuhn, gewaschen und in Teile zerlegt
200 g Kichererbsen, über Nacht in Wasser einweichen
3 Esslöffel Butter
1 Bund Petersilie, Blätter waschen und hacken
4 Zwiebeln, schälen und hacken
Saft einer halben Zitrone
100 g Mandeln, ohne Schale
1/4 Teelöffel Safran oder Kurkuma
1 Teelöffel Zimt
Salz
Pfeffer

So wird es gemacht:

☺ Huhn mit Butter und einer gehackten Zwiebel in eine große hohe Pfanne geben ➟ mit Wasser bedecken ➟ Salz, Pfeffer, Zimt und Safran oder Kurkuma dazugeben ➟ zum Kochen bringen ➟ Kichererbsen dazugeben und ca. 1½ Stunde köcheln lassen ➟ den Rest der gehackten Zwiebeln, die

Mandeln und die Petersilie dazugeben und weitere 10 Minuten kochen.

☺ Von den Hühnerteilen die Knochen entfernen ➟ auf einem Servierteller anrichten ➟ die Bohnen und Mandeln darüber geben ➟ Saft einer ½ Zitrone über das Gericht träufeln und heiß servieren.

****

Huhn mit Füllung Dajaj Mahschi

Zutaten:

1 großes Huhn oder 1 Poularde, waschen und abtropfen lassen

Füllung:

300 g Rinderhack oder Lammhack
100 g Mandeln, geschält und halbiert
50 g Pinienkerne
100 g gekochter Reis
1 Tomate, waschen und hacken
4 Esslöffel Öl oder Butter
Salz
Pfeffer

So wird es gemacht:

☺ Das Huhn in ca. 1 Liter gewürztem Wasser 45 Minuten garen ➟ aus dem Topf nehmen und in ein Sieb geben (abtropfen lassen) ➟ abkühlen.

☺ **Für die Füllung:**

Das Hackfleisch in Öl bräunen ➟ gehackte Tomaten dazugeben ➟ salzen und pfeffern.

☺ In einer anderen Pfanne die Mandeln und Pinienkerne mit dem gekochten Reis mischen und würzen ➟ das Huhn damit füllen und mit Holzspießen verschließen ➟ mit Butter bestreichen ➟ im vorgeheizten Backofen (200°C) 20 bis 25 Minuten braten

****

Gefüllte Pute Habasch Mahschi

Zutaten:

1 Pute
500 g Beefsteakhack, Lamm- oder Kalbshack
250 g verschiedene Nussarten (Mandeln, Pistazien, Pinienkerne und Haselnüsse)
350 g Langkornreis, waschen und abtropfen lassen
50 g Rosinen
Öl oder Butter
2 Teelöffel Zimt
1/2 Teelöffel Piment
Salz, Pfeffer und Paprikapulver

So wird es gemacht:

☺ Pute waschen und abtropfen lassen ➟ innere und äußere Seite mit Zitronensaft einreiben.

Füllung anfertigen:
Butter oder Öl in einer Pfanne erhitzen ➟ das Hack darin braten, bis es Farbe annimmt ➟ Nüsse dazugeben und 2 bis 3 Minuten braten ➟ Reis und Rosinen dazugeben und einige Minuten braten ➟ mit Salz, Pfeffer und Paprikapulver abschmecken ➟ die Füllung gut vermengen.

☺ Pute so füllen, dass die Füllung sie beim Kochen nicht platzen lässt, und mit Nadel und Faden zunähen.

☺ Butter in einer großen und tiefen Pfanne schmelzen lassen ➟ die gefüllte Pute darin von allen Seiten braun braten ➟ Wasser dazugeben, bis die Pute darin schwimmt ➟ salzen und pfeffern ➟ zum Kochen bringen, dann auf etwas kleinerer Flamme weiterkochen, bis die Pute sehr gar ist (ca. 2 Stunden).

☺ Pute vorsichtig aus der Pfanne nehmen ➟ Füllung auf Servierteller geben ➟ Pute zerlegen und auf der Füllung anrichten (Knochen entfernen) ➟ heiß servieren.

Andere Variante

☺ Butter oder Öl in einer Auflaufform erhitzen ➟ Pute darin von allen Seiten braten ➟ Wasser darüber gießen ➟ salzen und pfeffern ➟ in den vorgeheizten Backofen (200°C) schieben ➟ nach einer halben Stunde herausnehmen und Wasser abgießen ➟ Öl oder Butter über die Pute gießen und in den Backofen geben, bis die Pute gar ist (Kochzeit: 500 g Pute benötigen ca. 25 Minuten) ➟ Pute vorsichtig auf einen Servierteller geben ➟ Fäden herausnehmen und Pute heiß servieren.

****

Ente mit Orangensaft

Zutaten:

1 kleine Ente (2 bis 3 kg)
1 Zwiebel, schälen und hacken
Saft von 1 süßen Orange
Saft von 1 Bitterorange
4 Esslöffel Butter
Salz
Pfeffer

So wird es gemacht:

☺ Ente säubern, waschen und trocken tupfen.

☺ Die gehackte Zwiebel in einer großen Pfanne in Butter dünsten ➟ die Ente darin von allen Seiten anbräunen ➟ den Saft der beiden Orangen dazugeben ➟ salzen und pfeffern ➟ ca. 1 Stunde zugedeckt kochen. Ab und zu eine Kelle Wasser dazugeben und die Ente wenden.

☺ Die fast gare Ente in Teile schneiden ➟ wieder in die Pfanne geben und weiterkochen, bis sie sehr zart ist ➟ heiß mit Reis servieren.

****

Ente mit Granatapfelsoße

Zutaten:

1 Ente, in Teile zerlegen, waschen und abtrocknen
Saft von zwei Granatäpfeln (oder 3 bis 4 Esslöffel Granatapfelsoße)
2 Zwiebeln, schälen und hacken
150 g gehackte Walnüsse
50 g Butter
Öl
3/4 Tasse Brühe oder Wasser
1 Teelöffel Ingwerpulver
Salz
Pfeffer

So wird es gemacht:

☺ Butter in einem Topf zerlassen ➟ Zwiebeln dazugeben und glasig dünsten ➟ Walnüsse und Ingwerpulver untermengen ➟ Brühe oder Wasser und Granatapfelsaft dazugeben ➟ umrühren ➟ zum Kochen bringen, dann bei schwacher Hitze ca. 20 Minuten köcheln lassen.

☺ Ententeile salzen und pfeffern ➟ Öl in einer Pfanne erhitzen ➟ Ententeile im heißen Öl goldbraun braten, dann in die Soße geben und bei schwacher Hitze ca. 30 Minuten garen ➟ heiß mit Reis servieren.

****

Gefülltes Huhn nach Art der Golfregion Msali Dajaj مصلي دجاج

Zutaten:

1 Hähnchen, zerlegen, waschen und abtrocknen
2 Tassen Langkornreis, waschen und 1 Stunde in kaltem Wasser einweichen
2 Zwiebeln, in Ringe schneiden
2 bis 3 Kartoffeln, schälen, vierteln und waschen
2 Tomaten, schälen und hacken
2 Knoblauchzehen, schälen
2 cm Zimtstange
2 bis 3 Kardamomkapseln, anschneiden
Salz, Pfeffer, Piment, Kurkuma, Nelkenpulver und einige Pfefferkörner
4 Esslöffel Butter oder Butterfett

So wird es gemacht:

☺ Knoblauch mit Salz und Gewürzen in einem Mörser zerdrücken.

☺ Butter in einem Topf erhitzen ➟ Zwiebeln und Kartoffeln dazugeben und einige Minuten braten ➟ Knoblauchpaste untermengen, dann Tomaten dazugeben und kurz braten ➟ ¼ Tasse Wasser darüber geben ➟ Hähnchenteile dazugeben und bei schwacher Hitze ca. 15 Minuten garen. Eventuell Wasser darüber geben.

☺ Reichlich Salzwasser in einem Topf zum Kochen bringen ➟ Kardamomkapseln, Zimtstange und Reis dazugeben und halbgar kochen ➟ in ein Sieb geben und abtropfen lassen.

☺ Den Reis über das Fleisch verteilen ➟ Topfdeckel in ein Tuch hüllen (damit der Dampf aufgefangen wird) und den Topf damit zudecken ➟ ca. 20 bis 30 Minuten bei schwacher Hitze garen, bis der Reis gar und trocken ist.

☺ Topfinhalt gut vermengen ➟ in eine Schüssel geben ➟ mit Salat und Fladenbrot servieren.

Fischgerichte

Fisch-geröstet Samak Maschwi

Zutaten:

1 kg Fisch (verschiedene Sorten), gesäubert
1 Tasse Öl
3 Knoblauchzehen, schälen und mit Salz zerdrücken

Gewürze:

Salz, Pfeffer, Piment, Majoran, Rosmarin, Basilikum, Oregano, getrocknete Petersilie und Koriander

So wird es gemacht:

☺ Fische waschen und abtropfen lassen.
☺ Gewürzmischung in eine Schüssel geben und mit Öl zu einer Marinade verarbeiten ➟ Knoblauchpaste dazugeben und gut umrühren.
☺ Die gewaschenen und abgetropften Fische in eine Schüssel legen und darüber die Gewürzmarinade gießen ➟ die Fische darin wälzen, **inzwischen den Grill vorbereiten:**
❍ Fische auf den Grillrost legen, er darf nicht so nah am Feuer sein, sonst trocknen die Fische schnell aus ➟ von beiden Seiten grillen ➟ mit Salat, arabischem Brot und Reis servieren.

Andere Möglichkeit

☺ Einen großen Fisch säubern, waschen und salzen.
☺ 50 g Tomatenmark in 1/4 Liter Wasser auflösen, Salz, Pfeffer, Paprikapulver und Curry dazugeben, umrühren und in eine Auflaufform geben ➟ Fisch darin wälzen ➟ im vorgeheizten Backofen (200°C) backen (ca. 30 Minuten) ➟ in der Zwischenzeit eine Zwiebel in Streifen schneiden ➟ 3 Knoblauchzehen, 2 Tomaten und 1 bis 2 grüne

Paprikaschoten in kleine Scheiben schneiden und in Öl braten ➡ Auflaufform aus dem Ofen nehmen und die gebratenen Zutaten über den Fisch geben ➡ noch ca. 1/4 Stunde garen ➡ mit Reis und arabischem Brot servieren.

****

Gebackene Sardinen Serdin bi Elfurn

Zutaten:

1 kg kleine Sardinen, waschen, in ein Sieb geben und abtropfen lassen
4 Knoblauchzehen, schälen und mit Salz zerdrücken
100 g Butter
75 ml Öl
Saft einer halben Zitrone
4 Esslöffel gehackte Petersilie
1 Esslöffel Koriander
Salz, Pfeffer und Paprikapulver

So wird es gemacht:

☺ Öl, Zitronensaft, Koriander, Pfeffer, Salz, Petersilie, und Paprikapulver in eine Schale geben und gut vermengen.

☺ Backofen auf 200°C vorheizen.

☺ Eine große Backform mit Butter einfetten ➡ Fische hineinlegen ➡ Gewürzmischung darüber gießen ➡ Fische darin wälzen ➡ ca. 15 bis 20 Minuten im Backofen backen ➡ heiß mit arabischem Brot und Sesamölmarinade servieren (siehe Seite 22).

****

Fisch mit Reis Sei-iadia صيادية

Zutaten:

1 kg Fisch (z.B. Brassen, Barsch, Dorsch usw....)
2 Tassen Reis, waschen und abtropfen lassen
3 Zwiebeln, schälen und hacken
3 Esslöffel Öl
1 Teelöffel Piment
1 Teelöffel Kurkuma
Zitronensaft

Salz

So wird es gemacht:

☺ Fisch waschen und in Stücke schneiden.

☺ Die Zwiebeln in einer Kasserolle in Öl glasig dünsten ➟ mit 3/4 Liter Wasser aufgießen und kochen lassen ➟ Fischstücke, Salz, Piment und Kurkuma dazugeben und ca. 15 Minuten kochen ➟ den Fisch herausnehmen und heiß halten ➟ Sud abnehmen (für die Vorbereitung der Soße) und in einen anderen Topf geben (der Rest muss für den Reis zum Kochen reichen).

☺ Den gewaschenen Reis in den Sud geben ➟ kurz aufkochen, dann auf kleiner Flamme 20 Minuten garen (Topf zudecken) ☝ ***Sud muss ca. 2 cm über dem Reis sein*** ☝

❍ Zu dem abgenommenen Sud Zitronensaft geben und weiterkochen.

☺ Den Reis auf Servierteller häufen ➟ die Fischstücke rundherum und darauf anrichten und mit der Zitronensoße übergießen ➟ mit arabischem Brot und Salat servieren.

****

Fisch mit Kosbariahsoße

Zutaten:

1 kg Fisch
Olivenöl (zum Frittieren)
2 Zwiebeln, schälen und hacken
2 bis 3 große Tomaten, waschen und in Scheiben schneiden
2 Esslöffel Olivenöl
100 g Haselnüsse, gehackt
50 g Pinienkerne
1/2 Bund Petersilie, entstielt
Salz
Pfeffer
Piment

So wird es gemacht:

☺ Den Fisch waschen und in Stücke schneiden ➟ in heißem Öl frittieren.

☺ In einer anderen Pfanne die Zwiebeln dünsten ➟ die Tomaten dazugeben und gar dünsten ➟ Pinienkerne und Haselnüsse dazugeben und noch einige Minuten braten ➟ mit Wasser bedecken ➟ Petersilie dazugeben, salzen und pfeffern (falls gewünscht, Piment dazugeben) ➟ die Fischstücke vorsichtig hineingeben und ca. 15 Minuten weiterkochen lassen.

Andere Möglichkeit

☺ Die Soße mit dem Fisch in einer Auflaufform im Backofen 20 Minuten bei 200°C garen.

****

Krabbenfrikadellen

Zutaten für die Frikadellen:

1 kg Tiefseekrabben, gründlich waschen
2 Tassen Reismehl
1 Zwiebel, schälen und hacken
1 Bund Petersilie, entstielt
1 Bund Koriander, entstielt oder 1 Esslöffel getrockneter Koriander
1 bis 2 Knoblauchzehen, schälen und mit etwas Salz zerdrücken
ca. 1 cm Ingwer, schälen und zerdrücken
Salz, Pfeffer, Piment und Paprikapulver
Butter oder Öl

Zutaten für die Soße:

1 Zwiebel, schälen und fein hacken
1 Mohrrübe, schaben und fein hacken
1 Bund Koriander, entstielt und gehackt
2 bis 3 Tamarinde, harte Stellen entfernen und in 1 Tasse kochendes Wasser einweichen
2 Esslöffel Tomatenmark
Zitronensaft

Salz. Pfeffer, Piment, Paprikapulver, Kümmelpulver und etwas Kurkuma
4 bis 5 Esslöffel Butter

So wird es gemacht:

☺ Krabben in einen Topf geben, mit Wasser bedecken und gar kochen ➡ Sieb über einen Topf stellen und die Krabben durchgeben ➡ Kochwasser aufbewahren ➡ Krabben abkühlen lassen und schälen, dann das Fleisch durch den Fleischwolf drehen ➡ die restlichen Zutaten für die Frikadellen (außer Reismehl) dazugeben, gut vermengen, die Masse durch den Fleischwolf drehen und in eine große Schale geben.

☺ Reismehl zu der Fleischmasse dazugeben und gut verkneten ➡ etwas Krabbenkochwasser darüber geben und weiter kneten bis eine feste Masse entsteht, dann die Masse mit beiden Händen zu kleinen Kugeln formen.

☺ Butter oder Öl in einer Pfanne erhitzen ➡ Krabbenfrikadellen dazugeben und solange braten, bis sie Farbe annehmen, dann aus der Pfanne nehmen und beiseite stellen.

☺ **Soße vorbereiten:**

① Tamarinde aus dem Wasser nehmen und zwischen den Fingern reiben, dann in ein feines Sieb geben und durchpressen und mit dem Tamarindewasser vermengen.

② Butter in einem Topf erhitzen ➡ Zwiebeln dazugeben und glasig dünsten ➡ Gewürze, Koriander und Mohrrübe dazugeben und gut vermengen ➡ Tamarindewasser darüber geben und gut verrühren, dann ca. 3 Tassen Wasser darüber geben, umrühren, mit Salz und Zitronensaft abschmecken, Topf zudecken und zum Kochen bringen.

☺ Die fertig gebratenen Frikadellen in die Soße geben, dann bei schwacher Hitze ca. 20 bis 25 Minuten garen, in eine Servierschüssel geben ➡ heiß mit Reis servieren (siehe Seite 39).

✻✻✻✻✻✻✻✻✻✻✻✻

Fleischgerichte

Libanesisches Lamm

Zutaten:

500 g mageres Lammfleisch (Keule), waschen
700 g Blattspinat
3 Zwiebeln, schälen
50 g Margarine oder Olivenöl
Saft einer halben Zitrone
50 g Pinienkerne
4 bis 5 getrocknete Chilischoten
Salz
Pfeffer und verschiedene Streugewürze

So wird es gemacht:

☺ Das Lammfleisch in feine Streifen schneiden.
☺ Spinat gründlich waschen und abtropfen lassen.
☺ Zwiebeln in Würfel schneiden.
☺ Den Spinat in einem Topf ohne Wasser ca. 5 Minuten bei mittlerer Hitze und unter Rühren dünsten ➡ Margarine in einer Pfanne schmelzen lassen (oder Öl erhitzen) und das Fleisch darin anbraten ➡ Pinienkerne, Zwiebeln und Chilischoten dazugeben und dünsten ➡ 1/2 Liter Wasser dazugeben ➡ die Pfanne mit einem Deckel schließen und das Fleisch ca. 20 Minuten bei schwacher Hitze köcheln lassen ➡ Spinat untermengen ➡ mit Salz, Pfeffer, Zitronensaft und anderen Gewürzen abschmecken (Garzeit ca. 40 Minuten) ➡ heiß mit Reis servieren.

****

Gesalzenes Fleisch Kawarma قورمه

Zutaten:

1 kg Lammfleisch oder Rindfleisch, waschen
200 g Lamm- oder Rinderfett
100 g Salz

So wird es gemacht:

☺ Fett vom Fleisch abtrennen ➡ Fleisch in einen Topf geben und mit Salz mischen.
☺ Fett in Würfel schneiden und in einen Topf geben ➡ Herdplatte stark erhitzen, bis das Fett schmilzt und anfängt zu kochen ➡ das gesalzene Fleisch dazugeben und weiterkochen lassen, bis das Fleisch gar ist ➡ in eine Glas- oder Tonschale füllen.

Vermerk:
Kawarma isst man mit Fladenbrot oder zu Eiern oder man garniert damit verschiedene Gerichte.

****

Frikadellen Kufta

Gegrillte Frikadellen Kufta Mischwiehe

Zutaten:

500 g Rindfleisch, waschen
4 Zwiebeln, schälen und grob hacken
3 Knoblauchzehen, schälen und grob hacken
1/2 Esslöffel Mehl
1 Esslöffel Paprikapulver (süß)
Salz
Pfeffer
1 Ei
2 Bund Petersilie, Blätter waschen
1 Esslöffel Öl

So wird es gemacht:

☺ Fleisch mit Zwiebeln und Knoblauch durch den Fleischwolf drehen und in eine Schüssel geben ➟ Mehl, Paprikapulver, Salz und Pfeffer dazugeben. Das Ei muss nicht untergemengt werden, aber es hält das Fleisch beim Braten besser auf dem Spieß ➟ alles zu einem Teig verarbeiten.

☺ Mit angefeuchteten Händen nehmen Sie etwas von dem Teig und zu daumengroße Würstchen formen . Falls Sie grillen wollen, spießen Sie mehrere Würstchen auf einen Spieß und lassen Sie die Fleischwürstchen ca. 1 Stunde ruhen. In dieser Zeit bereiten Sie den Grill vor, der sehr gut vorgeheizt sein muss. Oder erhitzen Sie Öl in einer Pfanne und braten die Würstchen darin ca. 10 Minuten rundherum.

Beilagen: Jogurt, Fladenbrot, Salat, Zwiebel

****

Fleischspieß - Variante 1

Lahma ala Elsich (Schich Kebab)

Zutaten:

Fleisch nach Belieben: Rind, Hammel, Kalb, Zwiebel gehackt, Salz, Pfeffer, Öl und verschiedene Gewürze

So wird es gemacht:

☝ Wichtig ist, dass fettarme und fettreiche Fleischsorten kombiniert werden, damit alles am Spieß Gebratene saftig bleibt.☝

☺ Aus Öl, der fein geschnittenen Zwiebel und den Gewürzen eine Marinade anrichten.

☺ Einige Stunden vor dem Braten schneiden Sie das Fleisch in mittelgroße Stücke und legen es mindestens 3 Stunden in die Marinade.

☺ Grill mit Holzkohle vorheizen ➟ das eingelegte Fleisch kurz abtropfen lassen ➟ aufspießen, zwischen die Fleischstücke können Zwiebeln gespießt werden. Jetzt kann mit dem Grillen begonnen werden.

☺ Zu Fleischspießen isst man Reis und Salat.

Variante 2

Zutaten:

1 kg Lammfilet aus der Keule oder Rinderfilet, in Würfel geschnitten, mindestens 4 Stunden marinieren

Marinade A

2 Zwiebeln, schälen und hacken oder Zwiebelsaft
2 Lorbeerblätter
Saft einer Zitrone
1/8 Liter Olivenöl
1 Esslöffel Tomatenmark, mit etwas Wasser verdünnt
2 Teelöffel getrockneter Oregano und Thymian und/oder Majoran
Salz
Pfeffer

Marinade B

2 Zwiebeln, schälen und fein hacken oder Zwiebelsaft
1/8 Liter Olivenöl
1 Teelöffel Zimt
Salz
Pfeffer

Marinade C

1/8 Liter Jogurt
1 Zwiebel, schälen und fein hacken oder Zwiebelsaft
Salz
Pfeffer

So wird es gemacht:

☺ In einer großen Schüssel die Marinade (A, B oder C) zubereiten ➟ die Fleischstücke hineinlegen ➟ gut vermengen ➟ über Nacht ziehen lassen.
☺ Fleischstücke auf Spieße stecken und über einem Grill braten ➟ ab und zu mit der Marinade bestreichen

☝ Die Holzkohle darf nicht mehr rauchen ☝

☺ Das Fleisch wird auf Fladenbrot mit Salat serviert.
❍ Man kann auch einfachen Reis dazu reichen.

Gegrillte Frikadellen

Zutaten:

1 kg Rindfleisch und/oder Lammfleisch, waschen und hacken
2 Eier, aufschlagen, in eine Schale geben und verrühren
2 Zwiebeln, schälen und reiben
1 Bund Petersilie, Blätter waschen und hacken
2 Esslöffel Schnittlauch
Salz, Pfeffer, Paprikapulver, Piment, Koriander und Zimt

So wird es gemacht:

☺ Das Fleisch mehrmals durch den Fleischwolf drehen ➟ mit den anderen Zutaten vermengen und zu einem Fleischteig kneten.
☺ Eine Handvoll Fleischteig nehmen und um einen Spieß zu einer länglichen Wurst drücken ➟ auf den vorgeheizten Grill legen und von allen Seiten braun braten ➟ mit Salat, Jogurt und Fladenbrot servieren.

****

Gefülltes Lamm Charuf Mahschi

Zutaten:

1 kleines Lamm (ca. 10 kg), gründlich waschen
2 bis 3 Esslöffel Koriander
1 Esslöffel Piment
2 Zwiebeln, schälen und reiben oder pressen
Salz, Pfeffer und Paprikapulver

Füllung:

1 kg Langkornreis, waschen und abtropfen lassen
2 Zwiebeln, schälen und hacken
3 Esslöffel Öl
je 100 g Mandeln, Pistazien, Walnüsse (gehackt) und Rosinen ohne Kerne
Salz, Pfeffer und Paprikapulver

So wird es gemacht:

☺ Lamm von innen und außen abspülen, mit einem Tuch trocknen ➟ mit Gewürzen und Zwiebelsaft einreiben.

Füllung vorbereiten:

Reis waschen und gar kochen (siehe Seite 39) ➟ eventuell Kurkuma oder Safran dazugeben ➟ in eine Schüssel geben.

Öl in einer Pfanne erhitzen und die gehackten Zwiebeln darin glasig dünsten ➟ zum Reis geben und gut vermengen ➟ Rosinen und Mandeln dazugeben ➟ salzen und pfeffern.

☺ Lamm damit füllen und mit Nadel und Faden zunähen ➟ in eine längliche Backform legen ➟ in den vorgeheizten Backofen schieben (200°C) ➟ 2 Stunden braten, zwischendurch wenden und mit Wasser, Öl oder Butter bestreichen.

****

Lammkeule Fachdcharuf

Zutaten:

1 Lammkeule (ca. 2 kg)
4 Knoblauchzehen, schälen und in Streifen schneiden
500 g Kartoffeln, in Scheiben schneiden und waschen
2 Zwiebeln, schälen und in Streifen schneiden
250 bis 300 g Tomaten, in Scheiben schneiden
1 Aubergine, in Scheiben schneiden und ca. 30 Minuten in Salzwasser gelegt, danach abtropfen lassen, damit die bitteren Säfte austropfen
1 Teelöffel Oregano
Salz, Pfeffer und Paprikapulver

So wird es gemacht:

☺ Keule waschen und abtrocknen ➟ mit einer Messerspitze einige tiefe Schnitte ins Fleisch schneiden und die Knoblauchzehen hineindrücken, mit Salz, Pfeffer und Paprikapulver einreiben.

☺ Etwas Butter oder Öl auf ein Backblech geben und verteilen, die Keule darauf legen ➟ Kartoffeln, Tomaten, Zwiebeln und Auberginenscheiben dazugeben ➟ in den vorgeheizten Backofen (250°C) schieben ➟ Temperatur auf 200°C reduzieren ➟ nach ca. 45 Minuten das Gemüse herausnehmen und die Keule eine weitere Stunde braten, zwischendurch wenden. Falls nötig, mit Wasser berieseln ➟ einige Minuten vor dem Servieren das Gemüse über die Keule geben ➟ mit Reis, Salat und Fladenbrot servieren.

****

Gefüllte Lammbrust

Zutaten:

2 Stücke Lammbrust
200 g getrocknete Aprikosen, über Nacht in Wasser einweichen
1 Teelöffel Zucker
Öl
Salz und Pfeffer

Füllung:

500 g Langkornreis, waschen und abtropfen lassen
2 Zwiebeln, schälen und hacken
200 g Rinderhack
je 50 g Pinienkerne und Rosinen ohne Kerne
4 Esslöffel Öl
1/2 Bund Petersilie, Blätter waschen und hacken
Salz und Pfeffer

So wird es gemacht:

☺ Fleischstücke waschen und abtrocknen ➟ die beiden Stücke aufeinander legen und von 3 Seiten zunähen (1 Seite bleibt für die Füllung offen).

Füllung vorbereiten:

Öl oder Butter in einer großen Auflaufform erhitzen und die gehackten Zwiebeln darin dünsten, bis sie goldbraun werden ➟ Hackfleisch dazugeben und unter Rühren braten, bis es Farbe annimmt ➟ Reis dazugeben und einige Minuten mitbraten, Petersilie untermengen ➟ kaltes Wasser darüber gießen (das Wasser muss ca. 3 cm über der Füllung sein), salzen und pfeffern ➟ Füllung aufkochen lassen und auf kleiner Flamme 20 bis 25 Minuten köcheln lassen (Auflaufform zudecken) ➟ kalt stellen ➟ Nüsse dazugeben und mischen.

☺ Füllung zwischen die genähten Fleischstücke stopfen und die 4. Seite zunähen ➟ mit Öl, Salz und Pfeffer einreiben ➟ in den vorgeheizten Backofen schieben (200°C) und ca. 1 Stunde braten ➟ zwischendurch wenden und mit Wasser besprengen.

☺ Die eingeweichten Aprikosen mit dem Wasser in einen Topf geben, einen Teelöffel Zucker dazugeben und zum Kochen bringen, dann auf kleiner Flamme ca. 15 Minuten weiterkochen.

☺ Einige Minuten, bevor man das Fleisch aus dem Ofen nimmt, die gekochten Aprikosen darüber geben.

☺ Fleisch aus dem Ofen nehmen ➟ Fäden entfernen ➟ Fleisch in Scheiben schneiden und servieren.

****

Kalbfleisch gebraten-gekocht

Zutaten:

2 kg Kalbfleisch, waschen und abtropfen lassen
4 Esslöffel Öl
Saft einer halben Zitrone
1 Teelöffel Kurkuma
Salz
Pfeffer und Paprikapulver

So wird es gemacht:

☺ Öl in einem Topf erhitzen und darin das Kalbfleisch von allen Seiten braun braten ➟ Salz, Pfeffer, Paprikapulver, Kurkuma und Zitronensaft mit Wasser (1 Tasse) gut vermischen und zu dem Fleisch geben ➟ Topf zudecken und auf kleiner Flamme ca. 2 Stunden garen, zwischendurch, falls nötig, Wasser nachgießen ➟ mit Reis oder Kartoffeln und Salat servieren.

****

Frikadellen mit Reis

Zutaten:

1 kg mageres Rindfleisch, waschen
2 Zwiebeln, schälen und hacken
2 bis 3 Knoblauchzehen, schälen und mit Salz zerdrücken
2 bis 3 Esslöffel Reis, gekocht
4 Esslöffel gehackte Petersilie
Salz
Pfeffer
Paprikapulver
Öl oder Butter

So wird es gemacht:

☺ Fleisch in Stücke schneiden und mehrmals durch den Fleischwolf drehen ➞ in eine Schale geben ➞ Reis, gehackte Petersilie, Zwiebeln, Knoblauchpaste, Salz, Pfeffer und Paprikapulver dazugeben und mit beiden Händen zu einem Teig verarbeiten ➞ den Fleischteig zu kleinen Würstchen formen ➞ Öl oder Butter in einer Pfanne erhitzen und die fertig geformten Würstchen darin braten, bis sie braun und knusprig sind.

❍ Man kann die Würstchen auf Fladenbrot servieren oder in Tomatensoße mit Reis.

****

Kafta bi el Sannia كفته بالصنيه

Zutaten:

1 kg Lamm-, Kalbs- oder Rinderhack
2 Zwiebeln, schälen und reiben
4 Esslöffel Petersilie, Blätter waschen und hacken
50 g Tomatenmark
Öl oder Butter
je 1/2 Teelöffel Piment und Zimt
Salz
Pfeffer

So wird es gemacht:

☺ Hackfleisch mit gehackten Zwiebeln vermengen und 2 bis 3mal durch einen Fleischwolf drehen ➟ Salz, Pfeffer, Piment, Zimt und 3 Esslöffel Petersilie dazugeben und mit beiden Händen zu einer Paste kneten ➟ eine runde Form mit Öl oder Butter bestreichen ➟ Fleischpaste hineinlegen und flachdrücken (ca. 2 bis 3 cm dick) ➟ in den vorgeheizten Backofen schieben (200°C) und 20 Minuten braten, bis die obere Schicht braun ist, in der Zwischenzeit Tomatenmark in 1½ Tassen Wasser auflösen, über die Kafta gießen und weitere 10 Minuten im Backofen garen ➟ mit Reis und Salat servieren.

****

Dawud Bascha داود باشا

Hackbälle mit Pinienkernen und Tomatensoße

Zutaten:

1 kg Lamm-, Kalbs- oder Rinderhack
1 Dose Tomatenmark (70 g)
Öl oder Butter
2 bis 3 Lauchzwiebeln, in Scheiben schneiden
3 Esslöffel Petersilie, gehackt
Saft einer halben Zitrone
50 g Pinienkerne
je 1/2 Teelöffel Piment, Zimt und Koriander
Salz
Pfeffer

So wird es gemacht:

☺ Hackfleisch zweimal durch den Fleischwolf drehen ➟ salzen, pfeffern und zu einem Fleischteig kneten ➟ den Teig in kleine Stücke teilen und die Stücke zu Kugeln formen.

☺ Öl oder Butter in einer Pfanne erhitzen, Zwiebeln darin glasig dünsten ➟ Fleischkugeln dazugeben und unter Umrühren braten, bis sie Farbe annehmen ➟ Pinienkerne dazugeben und einige Minuten mitbraten ➞ Tomatenmark in wenig Wasser auflösen und dazugeben, mit Salz, Pfeffer, Zitronensaft, Piment, Zimt und Koriander abschmecken ➞ unter Rühren einige Minuten braten ➞ Wasser dazugeben, bis die Fleischkugeln bedeckt sind und gar kochen.

☺ Dawud Bascha in eine Kasserolle geben, mit Petersilie garnieren und mit Reis servieren.

****

Fleischrollen mit Pinienkernen

Kafta Mabrume كفته مبرومه

Zutaten:

1 kg Lamm-, Kalbs- oder Rinderhack
2 Eier, aufschlagen, in eine Schale geben und verrühren
50 g Pinienkerne
Butter oder Margarine
2 Zwiebeln, schälen und reiben
Salz
Pfeffer
Petersilie und Zitronenscheiben (zum Garnieren)

So wird es gemacht:

☺ Fleisch 2-3mal durch den Fleischwolf drehen und zu den Zwiebeln und Eiern geben ➞ zu einem Teig verkneten, mit Salz und Pfeffer abschmecken ➞ Fleischteig auf einer Arbeitsplatte flach drücken und in 6 bis 7 Stücke teilen ➞ Pinienkerne auf die Stücke legen ➞ Fleischteig um die Pinienkerne rollen und seitliche Ecken mit den Fingern zudrücken.

☺ Die Fleischrollen in eine Auflaufform legen ➞ mit Butter oder Margarine bestreichen und 3 bis 4 Esslöffel Wasser darüber geben ➞ in den vorgeheizten Backofen (150°C) schieben und ca. 50 Minuten garen ➞ auf einen Teller legen und mit Petersilie und Zitronenscheiben garnieren und mit Reis servieren.

****

Kibbe Naye كبة نية

Zutaten:

350 bis 450 g mageres und frisches Lammfleisch oder Kalbfleisch, waschen und abtropfen lassen
1 Zwiebel, schälen und hacken
100 g Weizenschrot (Burgul)
Salz
Pfeffer
Paprikapulver
Piment
Olivenöl

So wird es gemacht:

☺ Fleisch in Stücke schneiden ➟ Fett entfernen ➟ in einem Mörser zerstampfen, zuvor Sehnen entfernen ➟ Salz, Pfeffer, Paprikapulver, Piment und Zwiebeln dazugeben, weiter stampfen, bis das Fleisch zu einer Paste wird (zwischendurch 3 bis 4 Esslöffel kaltes Wasser dazugeben).

Andere Möglichkeit, das Fleisch zu verarbeiten:

❍ Fleisch mehrmals durch einen Fleischwolf drehen (oder durch die Küchenmaschine), Salz, Pfeffer, Paprikapulver, Piment und Zwiebel dazugeben und 2-3mal durch den Fleischwolf drehen, danach mit beiden Händen zu einer Paste kneten.

☺ Weizenschrot waschen (am besten in einem Sieb), einige Minuten in Wasser einweichen, dann mit beiden Händen pressen, zu dem Fleisch geben und mischen ➟ Fleisch-Weizenschrot-Mischung stampfen oder mehrmals durch den Fleischwolf (oder durch eine Küchenmaschine) drehen, bis das Gemisch glatt und feucht wird.

☺ Das Gemisch auf einen Teller legen und glätten ➟ Olivenöl darüber gießen und mit Fladenbrot servieren.

****

Kibbe gegrillt

Zutaten:

Zutaten wie Kibbe Naye (siehe Seite 86), dazu werden 200 g statt 100 g Weizenschrot benötigt.

So wird es gemacht:

☺ Kibbe wird wie auf Seite 86 „Kibbe Naye" beschrieben vorbereitet, danach wird das Gemisch zu kleinen Fladen (wie Frikadellen) geformt, die in Öl gebraten oder über Holzkohle gegrillt werden.

☺ Die fertig gegrillte Kibbe zu arabischem Brot und mit Tarator (Seite 22) servieren.

****

Kibbe bi el Sannia

Zutaten: Für die Füllung

250 g Lamm-, Kalbs oder Rindfleisch, hacken
1 Zwiebel, schälen und hacken
50 g Pinienkerne
Butter und Öl
1/2 Teelöffel Zimt
Salz, Pfeffer und Paprikapulver

So wird es gemacht:

☺ Das fertig gestampfte oder durch den Fleischwolf gedrehte Fleisch-Weizenschrotpaste-Gemisch (siehe Seite 86 „Kibbe Naye") halbieren ➟ eine runde Backform mit Butter oder Öl bestreichen ➟ mit einer Hälfte der Fleischpaste den Boden der Backform bedecken.

Füllung herstellen:

Öl in einer Pfanne erhitzen und gehackte Zwiebeln darin glasig dünsten ➟ Hackfleisch dazugeben und einige Minuten braten ➟ Salz, Pfeffer, Zimt, Paprikapulver und Pinienkerne dazugeben und unter Rühren einige Minuten braten.

☺ Füllung in die Backform geben und über der geglätteten

Fleischpaste gleichmäßig verteilen ➟ das zweite Fleischpastenstück über die Füllung legen und glätten ➟ mit dem Messer diagonal einige Linien (2 bis 3 mm tief) ziehen, so dass Vierecke entstehen ➟ ca.100 g Butter auf dem Fleisch verteilen und in den vorgeheizten Backofen (200°C) schieben ➟ ca. 50 Minuten backen ➟ mit Tarator oder Salat und arabischem Fladenbrot servieren.

****

Gefüllte Kibbe

Zutaten:

① Kibbe wie auf Seite 87 (Kibbe bi el Sannia) beschrieben vorbereiten, statt
100 g benötigen Sie 200 g Weizenschrot sowie 500 g Fleisch

② Füllung wie bei „Kibbe bi el Sannia" Seite 87 vorbereiten

So wird es gemacht:

☺ Eine Handvoll Kibbe nehmen und zu einer Kugel formen ➟ Zeigefinger in die Mitte drücken und den Fleischball drehen, dadurch kann man die Umhüllung während des Drehens dünn pressen ➟ mit Hackfleischmasse füllen und die Öffnung zudrücken ➟ Öl in einer Pfanne erhitzen und die gefüllten Fleischbällchen darin von allen Seiten braun frittieren ➟ mit Tarator (Seite 22) oder Salat und arabischem Brot servieren.

****

Gefüllte Kibbe in Jogurt

Zutaten: Jogurt-Soße

1 kg Jogurt
1 Ei, aufschlagen, in eine Schale geben und verrühren
4 Knoblauchzehen, mit Salz und 1 Teelöffel Koriander zerdrücken
2 Esslöffel getrocknete Pfefferminze
Butter
Salz

So wird es gemacht:

❍ Kibbe wie auf Seite 87 beschrieben vorbereiten.
❍ Füllung wie auf Seite 87 beschrieben vorbereiten und damit die Kibbe füllen und zur Seite legen.

Jogurt-Soße vorbereiten:

☺ Jogurt in ein Tuch oder einen Stoffbeutel geben und abtropfen lassen (ca. 1 Stunde) ➡ den abgetropften Jogurt in einen Topf geben ➡ Ei mit etwas Jogurt verrühren und dazugeben ➡ Jogurt zum Kochen bringen, ***dabei ununterbrochen in einer Richtung rühren,*** bis der Jogurt kocht ➡ Zutaten dazugeben ➡ die fertig gestellten Fleischbällchen zum Jogurt geben und 15 bis 20 Minuten gar kochen ➡ Jogurtgericht in eine Schüssel geben ➡ kalt oder warm, mit Reis und arabischem Brot servieren.

****

Schmorbraten mit Auberginen

Zutaten:

2 Auberginen, Stielansätze abschneiden
1 Zwiebel, schälen und hacken
ca. 500 bis 600 g Lamm oder Kalbfleisch, in Streifen schneiden
3 Tomaten, enthäutet und geviertelt
1 Esslöffel Tomatenmark
Saft einer halben Zitrone
je 1/2 Teelöffel Kümmel und Piment
Salz, Pfeffer und Paprikapulver

So wird es gemacht:

☺ Auberginen schälen und in Streifen schneiden ➡ mit Salz bestreuen und 30 Minuten in ein Sieb geben.
☺ Öl in einem Topf erhitzen ➡ Zwiebeln darin dünsten, bis sie Farbe annehmen ➡ Fleisch dazugeben und braten, bis die Stücke von allen Seiten braun sind ➡ Tomaten dazugeben und mit einer Gabel zerdrücken.
☺ Tomatenmark mit Zitronensaft vermengen ➡ salzen und

pfeffern ➟ Kümmel und Piment dazugeben, über das Fleisch gießen und einige Minuten unter Rühren kochen ➟ Wasser darüber gießen und zum Kochen bringen ➟ auf kleiner Flamme ca. 1½ Std. garen.

☺ Auberginenstreifen waschen und trocknen ➟ in Öl braten, bis die Streifen braun werden ➟ zum Fleisch geben und weitere 20 bis 30 Minuten garen ➟ heiß mit Reis und Salat servieren.

****

Rinderhaxe Lahme Mauzet

Zutaten:

1 kg Rinderhaxe, am Stück, waschen
5 bis 6 Kartoffeln, schälen und in Scheiben schneiden
Saft einer halben Zitrone
2 Knoblauchzehen, schälen und mit Salz zerdrücken
Öl oder Butter
1/2 Teelöffel Kümmel
Salz
Pfeffer
Paprikapulver

So wird es gemacht:

☺ In wenig Öl oder Butter Rinderhaxe in einem Topf von allen Seiten anbraten ➟ Kartoffeln dazugeben und einige Minuten braten, bis sie Farbe annehmen ➟ Salz, Pfeffer, Paprikapulver, Kümmel und Knoblauchpaste dazugeben ➟ Wasser darüber gießen, bis die Haxe zur Hälfte damit bedeckt ist ➟ Topf zudecken und ca. 2 Stunden garen lassen, bis das Fleisch sehr weich ist ➟ falls nötig, zwischendurch Wasser nachgießen ➟ vor dem Servieren Zitronensaft dazugeben und umrühren ➟ heiß mit Reis servieren.

****

Variante 2

Zutaten:

1 kg Rinderhaxe, würfeln, waschen und abtropfen lassen
4 bis 5 Esslöffel Mehl
2 Zwiebeln, schälen und hacken
4 Knoblauchzehen, schälen und mit Salz zerdrücken
2 Paprikaschoten, Stielansätze abschneiden, der Länge nach halbieren, Samen entfernen und hacken
2 Tassen Tomatensaft
je 1 Teelöffel Kümmelpulver und Pfefferkörner
Zitronensaft
2 bis 3 Esslöffel gehackte Petersilie
Salz
Öl

So wird es gemacht:

☺ Fleisch in Mehl wälzen ➠ Öl in einem Topf erhitzen, Fleisch dazugeben und braten, bis es Farbe annimmt ➠ Zwiebeln untermengen und braten, bis die Zwiebeln weich sind ➠ alle anderen Zutaten (außer Petersilie) dazugeben ➠ umrühren ➠ mit Salz und Zitronensaft abschmecken ➠ Topf zudecken und kurz zum Kochen bringen, dann bei schwacher Hitze ca. 1 Stunde köcheln lassen, bis das Fleisch gar ist ➠ in eine Schüssel geben und mit Petersilie garnieren ➠ heiß mit Reis und Fladenbrot servieren.

****

Vogelzunge Lissan al Asfur لسان العصفور

Zutaten:

1 kg mageres Lammfleisch, in Würfel schneiden
3 Zwiebeln, schälen und in Scheiben schneiden
50 g Butter oder Öl
2 Tassen Fleischbrühe oder Wasser
300 g Mehlteig (Mehl mit Wasser und Hefe zu einem Teig verarbeiten) oder fertige Italienische Graniamo Paste
Geriebener Parmesankäse
1 Teelöffel Zimt

Salz, Pfeffer und Paprikapulver

So wird es gemacht:

☺ Zwiebeln in Öl oder Butter dünsten, bis sie goldbraun sind ➡ Fleischwürfel dazugeben und von allen Seiten braten ➡ mit Salz, Pfeffer, Paprikapulver und Zimt abschmecken ➡ Fleisch im eigenen Saft auf kleiner Flamme ca. 1½ Stunde garen ➡ Fleischbrühe oder Wasser dazugeben und weitere 30 Minuten köcheln lassen.

☺ Mehlteig in kleine Stücke schneiden und mit den Fingern flach pressen, zum Fleisch geben und ca. 20 Minuten mitkochen ➡ zwischendurch, falls nötig, Wasser nachgießen, zuletzt sollte etwas Soße im Topf bleiben ➡ abschmecken ➡ mit Parmesankäse servieren.

****

Okra mit Fleisch Bamia bi el Lahma

Zutaten:

1 kg frische Okraschoten oder getrocknete Okra, über Nacht in Wasser einweichen
1 kg Schmorbraten vom Lamm oder Rind, in Würfel schneiden und waschen
2 Zwiebeln, schälen und hacken
250 bis 300 g Tomaten, in Scheiben schneiden
4 Knoblauchzehen, schälen
50 g Butter oder Öl
Saft einer Zitrone
3 Esslöffel Tomatenmark
1 Esslöffel Koriander
Salz
Pfeffer
Paprikapulver

So wird es gemacht:

☺ Okraschoten waschen und Ansätze abschneiden ➡ Zwiebeln und Knoblauchzehen in einem Topf mit heißem Öl oder Butter dünsten, bis sie Farbe annehmen ➡

Fleischstücke dazugeben und von allen Seiten braten, bis sie braun werden ➟ Okra dazugeben und unter Rühren einige Minuten braten ➟ Tomaten dazugeben und einige Minuten mitbraten ➟ Tomatenmark mit Wasser verdünnen und zum Fleisch und den Okraschoten geben ➟ salzen, pfeffern und zum Kochen bringen, dann auf kleiner Flamme ca. 1½ Stunden köcheln lassen, bis das Fleisch und das Gemüse sehr gar sind und die Soße weniger wird ➟ nach Belieben Zitronensaft, Paprikapulver und Koriander dazugeben ➟ heiß mit Reis und Salat servieren.

****

Porree-Frikadellen

Zutaten:

1 kg Porree
1/2 kg Rinderhack
50 g Brotkrümel oder Paniermehl
2 bis 3 Eier, aufschlagen, in eine Schale geben und verrühren
Saft von 2 Zitronen
1 Esslöffel Butter
Öl
Salz
Pfeffer

So wird es gemacht:

☺ Porree waschen ➟ Enden abschneiden und fein hacken ➟ in Salzwasser kochen ➟ in ein Sieb geben und abtropfen lassen.

☺ Hack zubereiten ➟ mit Porree vermengen und zu walnussgroßen Kugeln formen und braten.

☺ Zitronensaft, Butter und 1 Tasse Wasser kochen ➟ salzen und pfeffern ➟ die Fleischbällchen hineingeben ➟ 15 bis 20 Minuten kochen, ab und zu umrühren (Topf schütteln)

✳ Statt Porree 750 g frischen Spinat (ohne Wasser) dünsten.

****

Rinderbraten mit frischen Bohnen

Zutaten:

1 kg magerer Rinderbraten, in Würfel schneiden
500 g frische oder gefrorene grüne Bohnen
4 Knoblauchzehen, schälen
4 Esslöffel Öl oder Butter
1 Esslöffel Koriander
Salz, Pfeffer und Paprikapulver

So wird es gemacht:

☺ Fleischstücke in wenig Öl oder Butter anbraten ➡ Gewürze, Knoblauch und Bohnen dazugeben und einige Minuten braten ➡ mit Wasser oder Fleischbrühe bedecken und zum Kochen bringen ➡ auf kleiner Flamme 2 Stunden garen, bis das Fleisch sehr weich ist ➡ heiß mit Reis und Salat servieren.

****

Fleisch mit Zucchini und Kichererbsen

Zutaten:

1 kg mageres Lammfleisch oder Rinderschmorbraten, in Würfel schneiden und waschen
50 g Kichererbsen, über Nacht in Wasser einweichen
1 kg Zucchini, waschen und in Scheiben schneiden
2 Zwiebeln, schälen und hacken
4 Knoblauchzehen, schälen und mit Salz zerdrücken
4 Esslöffel Tomatenmark
1 Teelöffel Piment
50 g Butter oder Öl
Salz, Pfeffer, Piment und Paprikapulver

So wird es gemacht:

☺ Zwiebeln und Knoblauchpaste in heißem Öl oder Butter goldbraun braten ➟ Fleisch dazugeben und von allen Seiten braten ➟ Tomatenmark mit Wasser verdünnen und zum Fleisch geben, Kichererbsen dazugeben und mit Wasser bedecken ➟ mit Salz, Pfeffer, Piment und Paprikapulver abschmecken und zum Kochen bringen ➟ umrühren und Topf zudecken ➟ 1½ Std. auf kleiner Flamme garen ➟ Zucchinischeiben dazugeben und weitere 20 bis 30 Minuten köcheln lassen ➟ heiß mit Reis und Salat servieren.

****

Muttermilch Laban Immo لبن امه

Zutaten:

1 kg frisches Lammfleisch, in Würfel schneiden
2 Zwiebeln, schälen und in Scheiben schneiden
2 Tassen Jogurt
1 Eiweiß
1 Esslöffel Mehl
3 Knoblauchzehen, schälen und mit Salz zerdrücken
3 Esslöffel Butter
1 Teelöffel Koriander
Salz
Pfeffer

So wird es gemacht:

☺ Fleisch und Zwiebeln mit Wasser bedecken und ca. 1 Stunde köcheln lassen ➟ salzen und pfeffern ➟ den größten Teil des Kochwassers abgießen.

☺ 1 Eiweiß und 1 Esslöffel Mehl zum Jogurt geben und gut vermengen ➟ mit etwas Salz und Wasser verrühren und zu dem gekochten Fleisch und den Zwiebeln geben ➟ auf kleiner Flamme 15 Minuten weiterkochen ➟ Knoblauchpaste und Koriander in Öl oder Butter braten und zum Jogurt geben ➟ heiß oder kalt mit Reis servieren.

****

Libanesische Kalbsleber mit Essig

Zutaten:

700 g Kalbsleber oder Lammleber, in Scheiben schneiden, waschen und abtropfen lassen
150 ml Weinessig
3 Knoblauchzehen, schälen und mit Salz zerdrücken
2 Teelöffel getrocknete Pfefferminze
1 Teelöffel Mehl
1 Zwiebel, schälen und hacken
Öl oder Butter
Salz
Pfeffer
Paprikapulver

So wird es gemacht:

☺ Leberscheiben salzen und pfeffern, in einer Pfanne von allen Seiten mit Öl oder Butter braten, bis sie gar sind und Farbe annehmen ➟ aus der Pfanne nehmen.
☺ In der gleichen Pfanne Zwiebeln dünsten, Knoblauch, Mehl und Pfefferminze dazugeben ➟ mit Weinessig und etwas Wasser verdünnen ➟ mit Salz, Pfeffer und Paprikapulver abschmecken ➟ 5 Minuten aufkochen ➟ die gebratenen Leberscheiben dazugeben und 5 bis 10 Minuten kochen.

****

Nieren mit Zitronensaft

Zutaten:

500 bis 700 g Kalbs- oder Lammnieren
Saft einer Zitrone
2 Esslöffel Weinessig, mit Wasser verdünnt
4 Esslöffel Petersilie, gehackt
Butter oder Öl
Salz, Pfeffer und Paprikapulver

So wird es gemacht:

☺ Nieren waschen und enthäuten, Sehnen und Fett entfernen ➟ 1 Stunde in Essigwasser legen ➟ Essigwasser abgießen, Nieren waschen und in Hälften schneiden ➟ in wenig Öl oder Butter einige Minuten gar braten ➟ mit Salz, Pfeffer und Paprikapulver abschmecken und mit Zitronensaft beträufeln ➟ mit gehackter Petersilie garnieren.

****

Hirn Nouchaa

Zutaten:

3 Kalbshirne
Saft einer halben Zitrone
1 Esslöffel Weinessig, mit Wasser verdünnt
3 Esslöffel Öl
3 Knoblauchzehen, schälen und mit Salz zerdrücken
4 Esslöffel Petersilie, gehackt
1 bis 2 Stangen Sellerie, in Scheiben schneiden und waschen
1/2 Teelöffel Kurkuma
Salz
Pfeffer

So wird es gemacht:

☺ Hirne 1 Stunde in Essigwasser einlegen ➟ Hirne aus dem Essigwasser nehmen und unter fließendem kalten Wasser waschen ➟ abtropfen lassen und vierteln.

☺ Öl und etwas Wasser (½ kleine Tasse) erhitzen und die Zutaten Knoblauch, Zitronensaft, Kurkuma und Sellerie dazugeben ➟ mit Salz und Pfeffer abschmecken ➟ 15 Minuten kochen ➟ Hirne vorsichtig in die Brühe geben und 10 bis 15 Minuten kochen ➟ in einer Schüssel servieren und mit Petersilie garnieren.

****

Spießbraten Schawarma شورمة

Zutaten:

1/2 kg Lammfleisch, waschen
1/2 kg Hammelfleisch, waschen
5 Knoblauchzehen, schälen und mit Salz zerdrücken
1/2 Tasse Olivenöl
1 Zwiebel, schälen und fein hacken oder Zwiebelsaft
1 Esslöffel Zitronensaft
1/2 Esslöffel Essig
Salz
Pfeffer
Je 1/4 Teelöffel:
- Koriander
- Piment
- Kümmel
- Thymian
- Piment
- Rosenpaprikapulver

Lorbeerblätter

So wird es gemacht:

☺ Fleisch von Sehnen, Fett und Knorpeln befreien ➟ in feine Streifen schneiden und in eine große Schüssel legen ➟ alle Zutaten dazugeben und gut vermengen ➟ 24 Stunden ziehen lassen ➟ etwas Butter in einer Pfanne zerlassen ➟ Fleischstreifen scharf anbraten.

☺ Das Fleisch wird auf Fladenbrot mit Salat serviert.

****

Ägyptische Frikadellen

Zutaten:

500 g Hackfleisch
1 Zwiebel, schälen und fein hacken oder Zwiebelsaft
2 Esslöffel Reismehl oder 2 Esslöffel Reis, in einem Mörser zerdrücken (zerstampfen)
1 Esslöffel gehackte Petersilie
1 Esslöffel Tomatenmark
3 bis 4 Tomaten, Haut anritzen, mit kochendem Wasser überbrühen, Haut abziehen und hacken
Butter oder Öl
Salz
Pfeffer
Piment

So wird es gemacht:

☺ Alle Zutaten gut vermengen ➟ in einen Mörser geben und zerstampfen ➟ Fleischteig zu kleinen Kugeln verarbeiten ➟ Öl oder Butter in einer Pfanne erhitzen ➟ Fleischfrikadellen braten, bis sie Farbe annehmen ➟ aus dem Öl nehmen, abtropfen lassen und beiseite stellen.
☺ Butter in einem Topf zerlassen ➟ Tomaten dazugeben und einige Minuten dünsten ➟ etwas Wasser dazugeben ➟ Frikadellen dazugeben und ca. 10 Minuten garen. Eventuell Wasser nachgießen ➟ heiß mit Reis und Salat servieren.

****

Teigspeisen

Fladenbrot mit Fleisch

Zutaten:

500 g Mehl
Salz und Wasser
60 g Butter oder Margarine
400 g Hackfleisch (Rind oder Lamm)
400 g Zwiebeln
500 g Tomaten
50 g Pinienkerne
1 Bund Petersilie (glattblättrig)
Thymian, Salz und Pfeffer
1 Teelöffel Piment und Paprikapulver

So wird es gemacht:

Teig

☺ Das Mehl durchsieben und in eine Schüssel geben ➟ 60 g Butter oder Margarine schmelzen und in das Mehl geben ➟ vermengen ➟ Wasser und Salz zugeben und den Teig, der nicht so fest sein soll, kräftig durchkneten ➟ Teig ca. 35 Minuten ruhen lassen.

Fleisch

☺ Zwiebeln in ganz kleine Stücke schneiden oder reiben ➟ Tomatenhaut abziehen (kreuzweise einschneiden und kurz mit kochendem Wasser überbrühen) und hacken ➟ Petersilie hacken ➟ alles in eine Schüssel geben ➟ Hackfleisch dazugeben und das Ganze zu einem Teig verkneten ➟ Gewürze und Pinienkerne dazugeben.

☺ Das Hackfleisch kurz mit Butter braten ☝ **Es darf nicht gar werden** ☝ ➟ abkühlen lassen.

Teig vorbereiten:

☺ 2 Backbleche mit Butter bestreichen.
☺ Den Teig in kleine Stücke teilen ➟ mit der Hand runde Fladen formen ➟ rund ausrollen (ca. 0,5 cm dick und ca. 12 cm Durchmesser) ➟ löffelweise mit Hackfleischteig bestreichen ➟ auf die Backbleche verteilen.
☺ Die Backbleche in den vorgeheizten Backofen (200°C) schieben und ca. 10 bis 15 Minuten backen ➟ heiß servieren.
Beilagen: Jogurt und/oder Salat.

❦❦❦❦❦❦❦❦❦❦❦

Variante 2

Zutaten: Teig

500 g Mehl
1/4 Liter warmes Wasser
15 g frische Hefe oder Trockenhefe
eine Prise Zucker
1 Teelöffel Salz
2 Esslöffel Öl

So wird es gemacht:

☺ Hefe mit Zucker und etwas warmem Wasser gehen lassen.
☺ Mehl sieben, Salz, Öl und die Hefe dazugeben ➟ zu einem Teig verkneten, das restliche Wasser nach und nach dazugeben ➟ 10 bis 15 Minuten durchkneten ➟ 2 Stunden warm stellen.

Zutaten: Füllung

700-800 g Hack (Rind oder Lamm)
500 g Zwiebeln, schälen und hacken
500 g Tomaten, enthäutet und gehackt, ohne Samen, mit einer Gabel zerdrückt (oder 1 Dose Tomaten, Saft abgießen)
1 Esslöffel Piment
2 Esslöffel Tomatenmark
2 Esslöffel getrocknete Petersilie
2 Esslöffel Zitronensaft
1/2 Teelöffel Zucker
Salz und schwarzer Pfeffer

So wird es gemacht:

☺ Die Zwiebeln in etwas Öl glasig dünsten.

☺ Fleisch, Tomaten und Tomatenmark in einer großen Schüssel vermengen ➟ Piment, Zitronensaft und Zucker dazugeben ➟ salzen und pfeffern ➟ die Zwiebeln ohne Öl dazugeben und alles mit der Hand verkneten ➟ Petersilie dazugeben.

☺ Den Hefeteig nochmals durchkneten, zu kleinen Bällchen formen und auf einem bemehlten Brett zu Fladen formen, ca. 12 cm Durchmesser ➟ mit den Fingern einen Rand formen und Mulden in die Fladen drücken, damit sie beim Backen nicht hochkommen ➟ mit der Füllung ganz bestreichen ➟ auf ein gefettetes Backblech legen und im vorgeheizten Ofen (250°C) 8 bis 10 Minuten backen ☝ **Sie sollen gar sein, aber noch weich und weiß, damit sie aufgerollt gegessen werden können** ☝ ➟ dazu reicht man Salat: z.B. Gurke mit Jogurt oder nur Jogurt mit Salz und Knoblauch abgeschmeckt.

❦❦❦❦❦❦❦❦❦❦❦

Teigtaschen Blätterteig

Zutaten:

500 g Mehl
1/4 Tasse Olivenöl
Salz

So wird es gemacht:

☺ Mehl mit Wasser, Salz und Öl zu einem Teig kneten ➟ ca. 1 Stunde ruhen lassen.

☺ Den Teig ausrollen und in Vierecke schneiden (siehe Abb. 4, Seite 103).

☺ Mit Käse oder Spinat füllen (Füllung: siehe Seite 103 und 104)

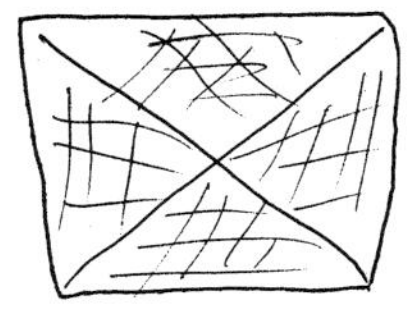   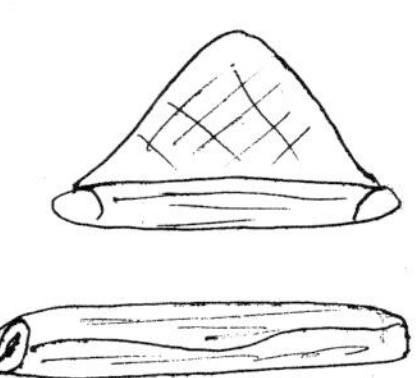

Abb. 4

Füllung / Variante 1
Käsefüllung 1

Zutaten:

400 g verschiedene weiße Käsesorten
2 Eier, aufschlagen, in eine Schale geben und verrühren
Pfeffer

So wird es gemacht:

☺ Käse reiben ➟ Eier schlagen und zum Käse dazugeben ➟ verrühren und mit Pfeffer abschmecken ➟ Füllung gut vermengen.

☺ Die fertigen Teigblätter an einem Ende mit Füllung belegen, dann wie in Abbildung zusammenklappen, damit eine Dreieck- oder Viereckform entsteht ➟ die Blätterteigtaschen auf ein kaltes Backblech legen und in den vorgeheizten Backofen (200°C) schieben ➟ nach 10 bis 15 Minuten Teigtaschen wenden und weitere 10 bis 15 Minuten backen, bis sie goldbraun werden ➟ heiß mit Jogurtsoße oder Salat servieren.

❦❦❦❦❦❦❦❦❦❦

Variante 2 / Käsefüllung 2

Zutaten:

300 g Schafs- und Parmesankäse
je 1 Esslöffel klein geschnittene Petersilie, Schnittlauch, Dill und Pfefferminzblätter

So wird es gemacht:

☺ Käsesorten mit einer Gabel zerdrücken und mit den anderen Zutaten vermengen.

☝ *Statt Blätterteig selber herzustellen, kann man fertigen Blätterteig kaufen (frisch oder tiefgefroren).* ☝

❦❦❦❦❦❦❦❦❦❦❦

Variante 3 / Fleischfüllung

Zutaten:

400 g Hackfleisch (Rind oder Lamm)
1 gehackte Zwiebel
2 Esslöffel Pinienkerne
1 Teelöffel gemahlener Zimt
Salz und Pfeffer
3 Esslöffel Olivenöl

So wird es gemacht:

☺ Öl in einer Pfanne erhitzen ➠ die Zwiebeln dazugeben und braten, bis sie goldbraun werden ➠ Pinienkerne dazugeben und ca. 2 Minuten braten ➠ Hackfleisch dazugeben und anbraten (es soll nicht gar werden) ➠ in einen Topf geben und Zimt, Salz und Pfeffer hinzufügen, abschmecken und gut vermengen.

❦❦❦❦❦❦❦❦❦❦❦

Variante 4 / Spinatfüllung 1

Zutaten:

500 g Spinatblätter
1 zerkleinerte Zwiebel
Saft einer halben Zitrone
Olivenöl
Salz und Pfeffer

So wird es gemacht:

☺ Spinatblätter waschen und gut abtropfen lassen.

☺ Zwiebel mit Öl in einer Pfanne dünsten ➠ Spinatblätter dazugeben, unterheben und einige Minuten schmoren lassen

➟ Zitronensaft dazugeben und gut vermengen ➟ erkalten lassen.

❦❦❦❦❦❦❦❦❦❦

Variante 5 / Spinatfüllung 2

Zutaten:

500 g Blattspinat
1 Zwiebel, schälen und hacken
2 Esslöffel gehackte Walnüsse oder Pinienkerne
2 Esslöffel Rosinen
Öl
Salz und Pfeffer

So wird es gemacht:

☺ Spinatblätter waschen und abtropfen lassen.
☺ Zwiebel in Öl glasig dünsten ➟ Spinat dazugeben, untermengen und ca. 10 Minuten dünsten lassen.
☺ Nüsse separat in Öl braten und zu dem fertig gekochten Spinat geben ➟ unterheben ➟ mit Salz und Pfeffer abschmecken.

❦❦❦❦❦❦❦❦❦❦

Arabisches Brot (Fladenbrot)

Chubs Arabi

Zutaten:

1 kg Mehl
1 Würfel Hefe oder trockene Hefe
Salz und Wasser

So wird es gemacht:

☺ Mehl durchsieben und in eine Schüssel geben ➟ in die Mitte eine Mulde drücken ➟ Hefe mit lauwarmem Wasser und etwas Zucker in die Mulde geben ➟ gehen lassen ➟ Salz und Wasser dazugeben und zu einem Teig verkneten ➟ den Teig in 12 Stücke teilen ➟ die Stücke einzeln zu runden Fladen ausrollen ➟ die ausgerollten Fladen mit einem Tuch bedecken und 1 Stunde ruhen lassen.

☺ Fladenbrot auf ein Backblech legen und im vorgeheizten Backofen (200°C) 3 bis 4 Minuten backen (☝ *Sie dürfen nicht braun werden, sonst werden sie hart*) ➡ die Fladen müssen aufgehen wie ein Ball, nach dem Backen kann man sie auseinander reißen.

❦❦❦❦❦❦❦❦❦❦

Sanbuski (gefüllte Teigtaschen) سنبوسكي

Zutaten:

400 g Mehl
200 ml warmes Wasser
70-75 ml Öl
100 g Butter
Salz

Füllung: siehe Seite 50

So wird es gemacht:

Teig

☺ Mehl in eine Schüssel geben.

☺ Butter und Öl in einer Schüssel im Wasserbad schmelzen lassen ➡ zum Mehl geben ➡ warmes Wasser und Salz dazugeben ➡ kneten, bis der Teig zusammenhält.

☺ Den Teig zu einem großen Fladen ausrollen ➡ mit einer Tasse oder einem Glas (offene Seite) runde kleine Teigkreise schneiden (Abb. 5 Seite 107).

Füllung

☺ Auf eine Hälfte jedes Teigkreises etwas Füllung legen (verschiedene Füllungsarten sind auf Seite 50 beschrieben) ➡ die leeren Seiten über die Füllung legen (Halbmond) und die Ecken zusammendrücken, dann seitlich hochheben und mit den Fingern rollen, damit die Füllung beim Braten nicht auslaufen kann (siehe Abb.5).

☺ Öl in einer großen Pfanne erhitzen ➡ die fertigen Teigtaschen darin braten ➡ beide Seiten müssen braun werden ➡ heiß oder kalt servieren.

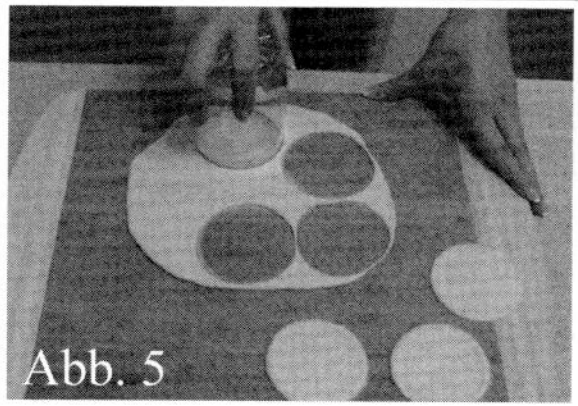

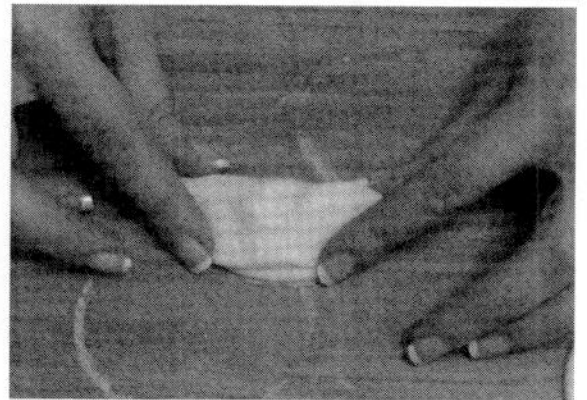

Abb. 5

❦❦❦❦❦❦❦❦❦❦❦

Tajine Malsuka

Tunesischer Blätterteig mit Fleischfüllung

Zutaten:

500 g Lammfleisch, in Würfel schneiden und waschen
250 g weiße Bohnen, über Nacht in Wasser einweichen
6 Eier
12 Scheiben gefrorener Blätterteig
100 g geschmolzene Butter
2 bis 3 Esslöffel Öl
Salz, Pfeffer und 1/2 Teelöffel Zimt
Eigelb (zum Bestreichen)

So wird es gemacht:

☺ Öl in einem Topf erhitzen und die Fleischwürfel darin anbraten ➡ die eingeweichten Bohnen dazugeben ➡ mit Wasser bedecken ➡ Salz, Pfeffer und Zimt dazugeben ➡ zum Kochen bringen ➡ ca. 2 Stunden auf kleiner Flamme köcheln lassen, danach Wasser abgießen und abtropfen lassen.

☺ Eier in einen Topf schlagen und umrühren ➡ würzen ➡ über kleiner Flamme erhitzen, bis die Eier dick und cremig werden ➡ zum Fleisch geben.

☺ Eine große Auflaufform mit Butter bestreichen ➡ Blätterteig ausrollen ➡ 4 Scheiben Blätterteig übereinander in die Auflaufform legen, jede Schicht mit zerlassener Butter bestreichen ➡ darüber die Hälfte des Fleisches legen, darauf kommen 4 weitere Scheiben Blätterteig (dazwischen zerlassene Butter streichen) ➡ den Rest Fleisch darüber

verteilen ➟ 4 neue Blätterteigscheiben darauf legen, dazwischen zerlassene Butter streichen ➟ die oberste Schicht mit Eigelb bestreichen.
☺ Im vorgeheizten Backofen (180°C) ca. 40 Minuten backen ➟ nach ca. 30 Minuten die Temperatur erhöhen ➟ heiß mit Jogurt oder Salat servieren.

❦❦❦❦❦❦❦❦❦❦

Fladenteig mit Thymian

Manakisch bi Elzaatar مناقيش بالزعتر

Zutaten:

4 fertig gerollte Fladenbrote (siehe Seite 105)
150 g Thymian (Zaatar)
1 Esslöffel Sesamkerne
Olivenöl (nach Belieben)
Salz
1 Esslöffel Sumak (Gewürz)

So wird es gemacht:

☺ Thymian mit Sesamkernen, Sumak, Öl und Salz gut vermengen und abschmecken (das Gemisch muss flüssig sein).
☺ Den Rand der Fladenbrot zu einem Damm Hochdrücken (damit die Flüssigkeit nicht auslaufen kann) und Mulden in die Fladen drücken, damit sie beim Backen nicht hochkommen ➟ Thymiangemisch auftragen und verteilen ➟ die fertigen Fladen im vorgeheizten Backofen (200°C) ca. 10 Minuten backen ➟ die fertigen Fladen müssen etwas knusprig sein ➟ heiß servieren.
❍ Diese Fladenart isst man zum Frühstück.

❦❦❦❦❦❦❦❦❦❦

Schichbarak شيشبرك

Teigspeise mit Fleischfüllung, in Jogurt gekocht

Zutaten:

500 g Mehl
1 Würfel Hefe oder Trockenhefe
Wasser
1 Liter Jogurt (siehe Seite 118)
150 g Rindfleisch (mager), waschen
1 Zwiebel, schälen und grob hacken
2 Eier
3 Knoblauchzehen, schälen
1/2 Bund Koriander oder 2 Esslöffel getrockneter Koriander
Salz, Pfeffer und Paprikapulver

So wird es gemacht:

☺ Hefeteig herstellen (siehe Seite 105).

☺ Fleisch und Zwiebel durch den Fleischwolf drehen (oder hacken) ➟ Salz, Pfeffer und Paprikapulver dazugeben und mit beiden Händen zu einem Teig verarbeiten ➟ zur Seite stellen.

☺ Mehlteig zu einem Fladen rollen ➟ aus dem Fladen (mit einem kleinen Glas) runde Kreise ausstechen (siehe Seite 107).

☺ Teigtaschen wie im Rezept für Sanbuski verarbeiten (siehe Seite 106).

☺ Jogurt in einen Topf geben ➟ 2 Eier in ein Glas schlagen, etwas Jogurt dazugeben, gut verrühren und das Ganze zum Jogurt geben ➟ zum Kochen bringen, dabei ununterbrochen in einer Richtung rühren, bis der Jogurt kocht ➟ die fertig gefüllten Teigtaschen zum Jogurt geben ➟ Knoblauchzehen mit Salz und Koriander zerdrücken und dazugeben ➟ ca. 15 Minuten bei niedriger Hitze weiterkochen ➟ in eine Schüssel geben ➟ heiß mit Reis servieren.

❦❦❦❦❦❦❦❦❦❦❦

Süßspeisen, Gebäck und Getränke

Ataief قطايف

Zutaten:

2 Teetassen Mehl
2 Teetassen warmes Wasser
50 g Hefe
1 Teelöffel Zucker

So wird es gemacht:

☺ Warmes Wasser in eine Schale gießen ➟ Zucker und Hefe dazugeben und gehen lassen ➟ Mehl hinzufügen und verrühren ➟ den Teig 1 Stunde gehen lassen.

☺ ***Die Ataief werden in einer heißen Pfanne mit sehr wenig Öl gebacken***: 1 Esslöffel Teig kommt in die Pfanne ➟ der Teig wird nur von einer Seite gebacken, bis er sich von der Pfanne löst ➟ auf einen Teller legen.

☺ Die fertig gebackenen Teigfladen mit Käse oder Nüssen füllen (Füllung siehe unten): Füllung in die Mitte der **ungebratenen** Seite geben ➟ den Ataief zu einem Halbmond zusammenlegen und mit den Fingern zusammendrücken ➟ in einem heißen Topf mit Öl frittieren, bis er goldbraun wird ➟ auf Küchenpapier abtropfen lassen ➟ die Ataief in fertig gekochten Sirup (Seite 114) tauchen oder den Sirup darüber gießen und heiß servieren.

Füllung

Käsefüllung: Weißen Käse mit einer Gabel zerdrücken und in die Mitte der ungebratenen Seite geben.

Nussfüllung: Verschiedene Nussarten mit 2 Esslöffel Zucker in einen Mörser geben und zerdrücken.

Nussschnitten-Backlawa بقلاوة

Zutaten:

2 Packungen gefrorener Blätterteig
250 g Nüsse, gehackt (Haselnüsse, Pistazien, Walnüsse und Mandeln)
3 Esslöffel Zucker
250 g zerlassene Butter

Sirupzutaten:

250 g Zucker
125 ml Wasser
1 Esslöffel Zitronensaft
1 Esslöffel Orangenblütenwasser

So wird es gemacht:

A- Sirup herstellen und abkühlen:
☺ Zucker in Wasser und Zitronensaft auflösen ➟ kochen, bis die Masse dick wird ➟ Orangenblütenwasser dazugeben und noch etwas kochen lassen ➟ abkühlen lassen (der Sirup wird kalt über das heiße Backlawa gegossen).
B- Backlawa anfertigen:
☺ Backofen auf 170°C vorheizen.
☺ Blätterteig dünn ausrollen ➟ eine große Auflaufform einfetten ➟ eine Lage Blätterteig hineinlegen und mit Butter bepinseln und wieder ein Lage Blätterteig darauf legen und mit Butter bepinseln ➟ diesen Vorgang so lange wiederholen, bis 6 Lagen aufeinander liegen ➟ die gehackten Nüsse mit Zucker mischen und auf dem Blätterteig verteilen. Wie oben beschrieben mit 6 Lagen Blätterteig bedecken ➟ zum Schluss mit Butter bepinseln ➟ mit einem scharfen Messer diagonal (Gittermuster) einschneiden ➟ den in Backofen schieben und ca. 30 Minuten backen, dann ca. 10 bis 15 Minuten auf 190° bis 200°C weiterbacken.
☺ Den kalten Sirup über die heiße Backlawa gießen ➟ Backlawa auskühlen lassen, noch einmal nach schneiden und auf einem Servierteller anrichten ➟ mit gehackten Nüssen bestreuen.

Fadenteigplatte mit Käsefüllung Kunafa كنافة

Zutaten:

500 g Kadayif (fertigen Fadenteig gibt es in türkischen Geschäften)
150 g ungesalzener weißer Käse
150 g Butter, zerlassen

Für den Sirup:

250 g Zucker
125 ml Wasser
1 Esslöffel Zitronensaft
1 Esslöffel Rosen- und/oder Orangenblütenwasser

Sirup herstellen und abkühlen lassen:

☺ Zucker in Wasser und Zitronensaft auflösen ➟ kochen, bis der Sirup dick wird ➟ Rosenwasser und/oder Orangenblütenwasser dazugeben und noch etwas kochen ➟ abkühlen lassen.

So wird es gemacht:

☺ Backofen auf 150°C vorheizen.

☺ Kadayif mit Butter gut vermengen ➟ eine Auflaufform mit Butter einfetten ➟ 4 bis 5 Esslöffel Sirup dazugeben und gut verteilen (auch den Rand mit Sirup bestreichen) ➟ 250 g Kadayif darauf verteilen ➟ Käse zerkleinern und darauf verteilen ➟ mit dem restlichen Fadenteig (Kadayif) bedecken und festdrücken, vor allem am Rand, damit der Käse nicht auslaufen kann ➟ im Backofen backen, bis die Oberfläche sich braun färbt ➟ den kalten Sirup über die heiße Kadayif gießen und servieren.

Ghorayebah غريبة

Zutaten:

500 g Butter
250 g Zucker
600 g Mehl, gesiebt
geschälte Mandeln

So wird es gemacht:

☺ Butter cremig rühren ➟ Zucker dazugeben und weitere 5 Minuten rühren.
☺ Mehl langsam zu der Butter geben und mit der Hand kneten ➟ zu walnussgroßen Bällchen formen und eine Mandel obendrauf drücken ➟ auf ein Backblech legen und ca. 20 Minuten bei 170°C backen.

☝ *Sie dürfen nicht braun werden* ☝

Weizen in Sirup Sunainia سنينية

Zutaten:

500 g Weizen, über Nacht in Wasser einweichen
3 Esslöffel Rosenwasser
Zucker, nach Belieben
50 g Pistazien, gehackt
50 g Mandelflocken

So wird es gemacht:

☺ Weizen in ca. 1 Liter Wasser 30 bis 40 Minuten kochen, bis sie weich sind ➟ 3 bis 4 Esslöffel Zucker dazugeben, umrühren und einige Minuten unter Rühren kochen ➟ Rosenwasser und Mandelflocken dazugeben, falls nötig, mit Zucker abschmecken ➟ der Sirup darf nicht sehr dick werden, falls nötig, Wasser dazugeben ➟ mit Pistazien garnieren ➟ warm oder kalt servieren.
Andere Möglichkeit: Den Weizen wie oben beschrieben kochen, aber ohne Mandelflocken ➟ in eine Schüssel geben und mit Granatapfelkernen garnieren.

Halawat el Samid حلاوة السميد

Zutaten:

200 g Butter
200 g Grieß
100 bis 150 g Zucker
100 bis 150 g Pinienkerne
500 ml Milch
1 Esslöffel Zimt

So wird es gemacht:

☺ Butter in einem Topf zum Schmelzen bringen ➠ Pinienkerne dazugeben und braten , bis sie leicht Farbe annehmen ➠ Grieß dazugeben und unter Rühren 3 bis 4 Minuten bräunen ➠ Milch und ca. 50 g Zucker zum Grieß geben und gut umrühren ➠ bei schwacher Hitze kochen, bis die Flüssigkeit verdampft ist (ca. 10 Minuten) ➠ Topf vom Herd nehmen ➠ den restlichen Zucker und Zimt auf den fertig gekochten Grieß streuen ➠ Topf zudecken und 10 Minuten stehen lassen ➠ Halawa umrühren und servieren.

Zuckersirup Ater

Zutaten:

400 bis 500 g Zucker
1 Tasse Wasser
1 Teelöffel Zitronensaft
je 1 Teelöffel Orangenblütenwasser und Rosenwasser

So wird es gemacht:

☺ Zucker, Wasser und Zitronensaft in einen Topf geben und zum Kochen bringen ➠ umrühren und abschäumen ➠ bei schwacher Hitze 10 Minuten brodeln lassen, bis der Sirup dick wird ➠ Rosenwasser und/oder Orangenblütenwasser dazugeben ➠ umrühren ➠ kalt stellen oder warm über Backlawa geben.

Datteln in Sirup

Zutaten:

1 kg frische Datteln
600 g Zucker
Saft einer halben Zitrone
4 bis 5 Nelken

So wird es gemacht:

☺ Datteln vorsichtig schälen ➟ ca. 1 Stunde in Wasser kochen ➟ Sieb über einen Topf stellen und die gekochten Datteln in das Sieb geben ➟ Flüssigkeit in dem Topf auffangen ➟ Datteln entkernen.
☺ Dattelflüssigkeit mit kaltem Wasser verrühren, bis die Flüssigkeit 800 bis 850 ml ergibt ➟ Zucker und Zitronensaft dazugeben und aufkochen, einige Minuten brodeln lassen ➟ Datteln zum Sirup geben und 20 Minuten kochen ➟ Datteln mit einem Sieb oder Löffel aus dem Sirup nehmen und in einen Steintopf oder ein Glas legen ➟ Nelken dazugeben.
☺ Sirup kochen und abschäumen ➟ zu den Datteln geben und Topf schließen.

Rosenwasser-Sirup Scharab el Ward

Zutaten:

500 ml Wasser
500 g Zucker
1 Esslöffel Zitronensaft
2 Teelöffel roter Lebensmittelfarbstoff
5 Esslöffel Rosenwasser

So wird es gemacht:

☺ Zucker in Wasser und Zitronensaft auflösen ➟ aufkochen und abschäumen ➟ bei schwacher Hitze andicken ➟ Farbstoff dazugeben und gut umrühren ➟ Rosenwasser dazugeben, 2 bis 3 Minuten brodeln lassen ➟ kalt stellen ➟ in Flaschen füllen und gut verschließen. Zum Trinken mit kaltem Wasser mischen.

Pfefferminz-Sirup

Scharab el Naána

Zutaten:

1 Liter Wasser
ca. 500 g Zucker
1/4 Liter Obstessig
2 Bund Pfefferminze, Blätter waschen und abtropfen lassen
1 Bund Pfefferminze, Blätter und Stängel waschen und hacken

So wird es gemacht:

☺ Wasser und Zucker in einen Topf geben und gut verrühren, bis sich der Zucker aufgelöst hat ➟ aufkochen und abschäumen ➟ Essig dazugeben ➟ umrühren ➟ die gehackte Pfefferminze drüber streuen, umrühren und bei schwacher Hitze andicken (ca. 30 Minuten) ➟ die Pfefferminzblätter in eine Schale geben und über die Schale ein Tuch spannen ➟ Sirup durch das Tuch geben und abtropfen lassen ➟ den noch heißen Sirup in Flaschen füllen und schließen. Zum Trinken mit eiskaltem Wasser mischen.

Mandel-Sirup Scharab el Loos

Zutaten:

500 g süße Mandeln
150 g bittere Mandeln
500 g Zucker
1 Liter Wasser
100 ml Orangensaft

So wird es gemacht:

☺ Mandeln mit kochendem Wasser überbrühen ➟ Schalen entfernen ➟ in einem Elektromixer fein zerkleinern ➟ in einen Topf geben ➟ mit kochendem Wasser bedecken ➟ gut mischen ➟ 1 Stunde stehen lassen ➟ ein Tuch in ein Sieb legen und über einen Topf oder eine Schale stellen ➟ zerkleinerte Mandeln durch das Tuch geben und mit Hilfe eines Holzlöffels pressen, dann Tuchenden mit einer Hand zusammenhalten und die restliche Flüssigkeit auspressen ➟ Mandelsaft aufbewahren.

☺ Zucker in Wasser auflösen ➟ aufkochen und abschäumen ➟ unter schwacher Hitze andicken ➟ Orangensaft dazugeben und gut umrühren ➟ Mandelsaft dazugeben, 2 bis 3 Minuten brodeln lassen ➟ kalt stellen ➟ in Flaschen füllen und gut verschließen.. Zum Trinken mit kaltem Wasser mischen.

Tamarinde-Sirup Tamerhinde

Zutaten:

200 bis 250 g Tamarinde, über Nacht in kaltem Wasser einweichen
500 g Zucker
1 Liter Wasser

So wird es gemacht:

☺ Eingeweichte Tamarinde im Wasser mit beiden Händen zerkleinern ➟ Wasser nachgießen, bis 1 Liter im Topf ist ➟ zum Kochen bringen ➟ solange kochen lassen, bis die Hälfte des Wassers verdampft ist ➟ Tamarindenwasser durch ein Sieb geben und in einem Topf auffangen ➟ 500 g Zucker im heißen Tamarindenwasser auflösen und zu Sirup andicken ➟ Tamarindensirup erkalten lassen und in Flaschen füllen ➟ zum Trinken mit eiskaltem Wasser mischen.

Jogurt Laban

Zutaten:

Im Nahen Osten verwenden die Hausfrauen gerne selbstgemachten Jogurt. Für einen Liter Jogurt benötigen Sie folgende Zutaten:

1 Liter Frischmilch
ca. 50 g Jogurt

So wird es gemacht:

☺ Frischmilch in einem Topf kochen ➡ auf ca. 35°C abkühlen lassen ➡ etwas Milch zum Jogurt geben und gut verrühren ➡ zur Milch geben und umrühren ➡ Topf zudecken und in eine Decke einschlagen ➡ an einen warmen Platz stellen ➡ über Nacht stehen lassen (ca. 15 bis 17 Stunden)

☝ ***Topf nicht schütteln*** ☝

✻✻✻✻✻✻✻✻✻✻

Jogurt mit Knoblauch

Viele nahöstliche Gerichte (z.B. Auberginen, Zucchini usw.) werden mit einem Jogurt-Knoblauch-Gemisch garniert. Dafür braucht man ca. 1/4 Liter Jogurt, 2 bis 3 Knoblauchzehen und Salz.

Zubereitung:

Knoblauchzehen mit Salz zerdrücken ➡ Jogurt und Knoblauchpaste in eine Schale geben, mit einem Mixer oder Löffel vermengen und kalt stellen.

✻✻✻✻✻✻✻✻✻✻

„Ayran" Jogurt-Getränk

Zutaten:

1/2 Liter Jogurt
1/8 Liter kaltes Wasser
Salz

So wird es gemacht:

☺ Im Sommer werden zum Essen kalte Jogurtgetränke gereicht, vor allem zu Spießfleisch. Es ist einfach, solche Getränke zuzubereiten:
Man nehme ca. 1/2 Liter Jogurt und verrühre ihn mit 1/8 Liter kaltem Wasser, abgeschmeckt wird mit Salz oder Knoblauchpaste. Vor dem Essen in den Kühlschrank stellen oder einige Eiswürfel dazugeben. Jogurtgetränke werden manchmal mit getrockneter Pfefferminze garniert.

✽✽✽✽✽✽✽✽✽✽✽

Variante 2

Zutaten:

1/2 Liter Jogurt
3/8 Liter kaltes Wasser
2 Esslöffel getrocknete oder gehackte Pfefferminze
Salz

So wird es gemacht:

☺ Jogurt und Wasser mit einem Elektromixer schlagen ➟ salzen und Pfefferminze dazugeben ➟ eisgekühlt servieren.

✽✽✽✽✽✽✽✽✽✽✽

Milchreis Ruz bi Elhalib رزبحليب

Zutaten:

1 Liter Milch
1 Tasse Milchreis, waschen und abtropfen lassen
5 Esslöffel Zucker
1 Esslöffel Rosenwasser

So wird es gemacht:

☺ Reis verlesen und waschen ➡ in einen Topf geben ➡ 2 Tassen kaltes Wasser dazugeben und ca. 15 Minuten kochen, bis der Reis halbgar ist ➡ Milch und Zucker dazugeben und umrühren, bis der Zucker sich aufgelöst hat ➡ aufkochen lassen, dann auf kleiner Flamme (ca. 3/4 bis 1 Stunde) köcheln lassen, bis der Reis gar ist ➡ in Glasschalen füllen und kalt servieren.

☝ *Nach Belieben Rosenwasser während des Kochens zum Milchreis geben* ☝

✻✻✻✻✻✻✻✻✻✻✻

Reispudding mit Mastix①

Sahlab bi Misk

Zutaten:

100 g Milchreis, waschen und abtropfen lassen
1/2 Tasse kaltes Wasser
3 Tassen Milch
5 Esslöffel Zucker
1 Teelöffel Rosenwasser
1/4 Teelöffel Mastixpulver
Mandeln und Pistazien, gehackt

Mastix

① Mastix: Harz des Mastixstrauches

So wird es gemacht:

☺ Reis mit Wasser mischen ➡ Milch und Zucker zum Kochen bringen ➡ Reis mit Wasser dazugeben, zum Kochen bringen und bei schwacher Hitze 40 bis 45 Minuten köcheln lassen, bis das Gemisch cremig wird ➟ falls die Flüssigkeit während der Kochzeit verdampft, Wasser dazugeben ➟ Rosenwasser und Mastix dazugeben, umrühren und einige Minuten kochen lassen ➟ in eine Schüssel geben ➟ mit Mandeln und Pistazien garnieren.

✤✤✤✤✤✤✤✤✤✤

Milchpudding mit Orchis

Sahlab سحلب

Zutaten:

2 Tassen Milch
1 Teelöffel Orchispulver (Sahlab)
eine Prise Zimt
1 Esslöffel Pistazien, gehackt

So wird es gemacht:

☺ Milch erhitzen ➟ Orchispulver dazugeben und kräftig rühren ➟ bei schwacher Hitze kochen, dabei ununterbrochen rühren, bis der Pudding dick wird (ca. 10 Minuten) ➟ in Schalen geben und mit Pistazien und etwas Zimt garnieren.

✤✤✤✤✤✤✤✤✤✤

Einlegen in Essig

Afrikanische und orientalische Rezepte

Eingelegte Pfefferschoten

Zutaten:

125 g Pfefferschoten, der Länge nach halbieren, Samen entfernen und in Scheiben oder Streifen schneiden
125 g kleine Tomaten, in Scheiben schneiden
2 bis 3 Zwiebeln, schälen und in Scheiben schneiden
150 g brauner Zucker
200 ml Essig
je 1 Teelöffel Nelkenpulver und Zimt
30 g Salz

So wird es gemacht:

☺ Pfefferschoten und Tomatenscheiben waschen und abtropfen lassen.
☺ Zwiebeln, Pfefferschoten und Tomaten in eine Schale geben und mit Salz bestreuen ➟ einen Teller oder eine Schale mit Wasser darauf stellen und das Ganze über Nacht stehen lassen ➟ in ein Sieb geben und abtropfen lassen.
☺ In einen Topf geben und mit Zucker, Nelkenpulver und Zimt bestreuen ➟ Essig darüber gießen und umrühren ➟ auf kleiner Flamme ca. 1½ bis 2 Stunden köcheln lassen ➟ in Gläser füllen und 1 Woche stehen lassen.

✯✯✯✯✯✯✯✯✯✯✯

Eingelegte Auberginen

Zutaten:

500 g kleine Auberginen
ca. 2 cm Ingwerwurzel, schälen und hacken
25 g Chilischoten
2 Knoblauchzehen, mit Salz und etwas Essig zerdrücken

150 ml Essig
75 g Nussöl oder eine andere Ölsorte
50 g Zucker
je 1/2 Esslöffel Salz und Kümmelsamen
je 1/2 Teelöffel Chilipulver, Currypulver, Kurkuma, Garam Masala (Gewürz) und Ingwerpulver

So wird es gemacht:

☺ Von den Auberginen die Stielansätze abschneiden, dann die Auberginen waschen und in Scheiben schneiden (ca. 3 cm dick).
☺ Zerdrückte Knoblauchzehen, Chilipulver, Currypulver, Kurkuma, Garam Masala und Ingwerpulver in einen Mörser geben und zu einer Paste zerdrücken.
☺ Öl erhitzen ➡ Kümmelsamen dazugeben und 1 Minute rösten ➡ Gewürzpaste dazugeben und auf kleiner Flamme 1 bis 2 Minuten braten ➡ Essig, Zucker und Salz dazugeben und umrühren ➡ Auberginenscheiben, Chilischoten und Ingwerwurzel dazugeben und köcheln lassen, bis das Gemüse gar ist ➡ kalt stellen ➡ vor dem Servieren einen Tag stehen lassen.

✯✯✯✯✯✯✯✯✯✯✯

Variante 2

Zutaten:

500 g Auberginen
4 Knoblauchzehen, schälen und hacken
150 ml Essig
1 Esslöffel Oregano
Olivenöl oder eine andere Ölsorte
Salz

So wird es gemacht:

☺ Auberginen schälen und in Scheiben schneiden ➡ salzen und 2 bis 3 Stunden in ein Sieb legen, damit die bitteren Säfte austropfen können ➡ die abgetropften Scheiben ca. 10 Minuten in den mit etwas Wasser verdünnten Essig legen ➡

in ein Sieb geben und abtropfen lassen ➟ in einen Steintopf oder ein Glas schichten, dazwischen Knoblauch und Oregano verteilen ➟ die Auberginenscheiben mit Öl bedecken und den Topf schließen ➟ eine Woche stehen lassen.

✯✯✯✯✯✯✯✯✯✯✯

Eingelegte Mangos

Zutaten:

4 Mangos (ca. 500 g), entkernt, geschält und gehackt
125 ml Essig
1 Tasse Zucker
1 Esslöffel gehackte Ingwerwurzel
1 bis 2 Teelöffel Chilipulver
Salz

So wird es gemacht:

☺ Alle Zutaten in einen Topf geben ➟ umrühren ➟ kurz zum Kochen bringen, auf kleiner Flamme köcheln lassen, bis die Mangos saftig sind und die Soße dick ist ➟ vom Herd nehmen ➟ in eine Schale geben und beiseite stellen ➟ ein Glas vorwärmen ➟ Mangos in das Glas füllen und verschließen.

✯✯✯✯✯✯✯✯✯✯✯

Eingelegte Rüben

Zutaten:

500 g weiße Rüben
Sellerielauch
2 Knoblauchzehen, schälen und grob hacken
1 rohe rote Rübe (rote Beete), schälen und in Scheiben schneiden
2 Esslöffel Salz
150 ml Essig
400 ml Wasser
1 Teelöffel Chilipulver

So wird es gemacht:

☺ Weiße Rüben waschen, schälen und vierteln ➟ in einen Steintopf oder ein Glas schichten, dazwischen Sellerielauch, Knoblauch und rote Beete legen.
☺ Essig, Chilipulver, Wasser und Salz verrühren und über die geschichteten Rüben gießen ➟ Topf zudecken und an einen warmen Platz stellen ➟ 10 Tage stehen lassen, danach zum Essen servieren und innerhalb von 35 Tagen verbrauchen.

✯✯✯✯✯✯✯✯✯✯

Eingelegte rote Rüben

Zutaten:

1 kg rote Rüben
1/2 Liter Weinessig
1/2 Liter Wasser
Salz
Kümmel
Lorbeerblätter
Pfefferkörner
Nelken

So wird es gemacht:

☺ Rüben gründlich waschen ➟ 2 bis 3 Stunden mit leicht gesalzenem Wasser bedecken und kochen ➟ Rüben pellen und Stielansätze abschneiden ➟ in Scheiben schneiden und würzen ➟ in einen Steintopf oder ein Glas schichten ➟ Weinessig, Wasser und Salz verrühren und in einem Topf aufkochen ➟ kalt stellen ➟ über die Rüben gießen und den Steintopf oder das Glas zudecken ➟ 10 bis 11 Tage stehen lassen, danach zum Essen verwenden und innerhalb von 30 Tagen verbrauchen.

✯✯✯✯✯✯✯✯✯✯

Eingelegter Blumenkohl und Rotkohl

Zutaten:

1 Blumenkohl
1/2 Rotkohl
5 Esslöffel Salz
850 ml Wasser
300 ml Weinessig
1 bis 2 trockene Peperoni

So wird es gemacht:

☺ Blumenkohl auseinander nehmen, Rotkohl zerkleinern, waschen und 1 Stunde in Salzwasser legen ➡ Gemüse mit klarem Wasser waschen und abtropfen lassen ➡ in einen Steintopf oder ein Glas schichten ➡ Essig, Wasser und Salz mischen und über das Gemüse geben ➡ 1 bis 2 trockene Peperoni dazugeben und Topf oder Glas zudecken ➡ 10 Tage an einen warmen Platz stellen. Danach kann man das eingelegte Gemüse servieren.

✯✯✯✯✯✯✯✯✯✯✯

Knoblauchsalz

So wird es gemacht:

☺ Einige Knoblauchzehen in Streifen schneiden und mit Salz mischen ➡ in ein Glas geben und stehen lassen, bis das Salz mit dem Knoblaucharoma gesättigt ist ➡ auf einem Backblech verteilen, Knoblauch entfernen, Salz im aufgewärmten Ofen trocknen ➡ trocken aufbewahren.

✯✯✯✯✯✯✯✯✯✯✯

Knoblauch aufbewahren

Zutaten:

Knoblauchzehen, schälen
Olivenöl

So wird es gemacht:

☺ Knoblauchzehen würfeln ➟ in ein Glas geben ➟ mit Öl bedecken und im Kühlschrank aufbewahren ➟ zur Herstellung von Knoblauchpaste verwenden.

✯✯✯✯✯✯✯✯✯✯

Eingelegter Knoblauch

Zutaten:

Knoblauchzehen, nach Belieben
Salz und Weinessig

So wird es gemacht:

☺ Knoblauchzehen schälen und in ein Glas schichten ➟ Salz in Essig auflösen ➟ Knoblauchzehen damit bedecken ➟ Glas schließen und für ca. 5 bis 6 Monate stehen lassen.

✯✯✯✯✯✯✯✯✯✯

Knoblauch in Öl

Zutaten:

Knoblauchzehen, schälen und in dicke Streifen schneiden
Olivenöl
1 Esslöffel Weinessig
1 kleine rote Pfefferschote
einige Pfefferkörner
1 bis 2 Teelöffel Salz

So wird es gemacht:

☺ Knoblauch in Salzwasser mit 1 Esslöffel Weinessig 2 Minuten kochen ➟ in ein Sieb geben und gut abtropfen lassen ➟ Knoblauch in ein Glas schichten ➟ Pfefferkörner und Pfefferschote darauf geben ➟ mit Olivenöl bedecken ➟ 3 Monate stehen lassen.

✯✯✯✯✯✯✯✯✯✯

Jamaikanische Küche

Neue und traditionelle jamaikanische und karibische Kochrezepte

ISBN 978-3-927459-68-7